DROIT, CULTURE
ET DÉVELOPPEMENT EN AFRIQUE :
LE CAS DU TCHAD

Collection « Études africaines »

dirigée par Denis Pryen et son équipe

Forte de plus de mille titres publiés à ce jour, la collection « Études africaines » fait peau neuve. Elle présentera toujours les essais généraux qui ont fait son succès, mais se déclinera désormais également par séries thématiques : droit, économie, politique, sociologie, etc.

Dernières parutions

TINOU (Robert), *1700 proverbes vili*, 2015.
TINOU (Robert), *Abécédaire du Kouilou*, 2015.
N'GUETTIA KOUASSI (René), *La Côte d'Ivoire de notre rêve*, 2015.
TABEZI PENE-MAGU (Bernard-Gustave), *Évaluer l'élève en Afrique Noire, De la pédagogie traditionnelle aux estimations contemporaines*, 2015
NZENGUI (Aaron Septime), *De Kant à l'Afrique. Réflexion sur la constitution républicaine en Afrique noire*, 2015
HOUEDANOU (Sessinou Emile), *La gestion transfrontalière des forêts en Afrique de l'Ouest*, 2015
EKANZA (Simon-Pierre), *Le Moronou, notre patrimoine, Géographie, Agriculture, et Sociétés*, 2015
KAYOMBO (Chrysostome Cijika), *La planification de l'éducation en Afrique, Mode d'emploi*, 2015
NGALIEU (Désiré), *La secondarisation de l'agriculture en Afrique subsaharienne : une clé pour l'émergence*, 2015
KIYINDOU (Alain), ANATE (Kouméalo), CAPO-CHICHI (Alain) (Dir.), *Quand l'Afrique réinvente la téléphonie mobile*, 2015
FAME NDONGO (Jacques), *Essai sur la sémiotique d'une civilisation en mutation. Le génie africain est de retour*, 2015.
TCHAKOTEU MESSABIEM (Liliane), *Droit OHADA - Droit français. La protection des créanciers dans les procédures collectives d'apurement du passif*, 2015.
AMBOULOU (Hygin Didace), *Le Droit des entreprises en difficulté dans l'espace OHADA*, 2015.
AMBOULOU (Hygin Didace), *Le Droit de l'arbitrage et des institutions de médiation dans l'espace OHADA*, 2015.

Kaar Kaas Sonn

Droit, culture et développement en Afrique : le cas du Tchad

L'Harmattan

5-7, rue de l'École-Polytechnique, 75005 Paris

www.harmattan.com
diffusion.harmattan@wanadoo.fr
harmattan1@wanadoo.fr

ISBN : 978-2-343-07438-2
EAN : 9782343074382

Table des matières

2^E PARTIE
LE DROIT POSITIF TCHADIEN

3E PARTIE
ANTAGONISME ENTRE DROIT MODERNE ET DROITS COUTUMIERS EN MATIÈRE DE DÉVELOPPEMENT

Avant-propos

Un droit adapté à la société pluriculturelle tchadienne pourrait contribuer à instaurer la sécurité dans les rapports entre ses habitants et devenir par ce fait un outil de développement. Des conflits de droit existent au Tchad ; ils résultent entre autres, de la colonisation française qui y avait imposé le droit français inadapté en vue de mieux assurer des objectifs de domination sur des peuples d'histoires et de cultures différentes. Après l'indépendance, cet héritage juridique est loin de favoriser une réelle unité entre les personnes et les peuples qui résident sur ce territoire, devenu l'Etat tchadien. Dès lors, il semble que tout projet de développement ne peut faire l'économie de la mise en place d'un droit qui rendrait compte de la diversité des peuples qui composent le Tchad. Cela permettra d'assurer un minimum de cohésion sociale entre les citoyens.

Nous nous sommes rendu compte que des institutions adaptées sont nécessaires au processus de développement. Il se trouve qu'au Tchad, du fait de la multiplicité des ethnies et de la complexité des rapports entre les droits locaux et le droit moderne, la perspective de développement homogène semble s'éloigner de plus en plus à mesure que nous avançons dans le temps.

I. Problématique

Le sujet tient aux enjeux du développement et les problèmes socio anthropologiques qu'il peut susciter. Par développement, nous entendons un processus d'équipement en infrastructures en vue d'un bien être social et économique de la population

La spécificité du sujet et les questions qu'il suscite transcendent les simples discours sur le développement. Cette spécificité justifie de poser une réflexion objective et soutenue. Le Tchad est un pays pluriculturel, où cohabitent des peuples de cultures différentes. À ses peuples autochtones, s'est superposée la colonisation française, avec ses réalités tout aussi différentes.

Le développement est un processus qui, loin d'être exclusivement économique, comporte des aspects culturels. Ainsi, le capitalisme en Occident est apparu avec la propriété privée. Cette appropriation privée stimule la recherche de profit, donc les moyens pour y parvenir. Le droit de propriété a plusieurs autres attributs. Il permet à son titulaire de contracter des dettes ; il lui sert d'hypothèque en ce cas. Le propriétaire peut jouir des fruits de ce droit. En clair, l'appropriation privée, codifiée et *juridicisée* a permis l'enracinement du capitalisme. Les tentacules de ce système n'ont pas fini de se déployer. Ainsi de la colonisation, qui est fille du développement économique capitaliste.

Dans les régions colonisées, ce modèle greffé rencontre des difficultés pour prendre corps. On parlera alors de refus de développement, du sous-développement, etc. Cela est caractéristique du fait que ces régions colonisées n'ont pas réussi (ou ne réussissent pas) à pratiquer le modèle occidental.

À travers cette étude, nous souhaitons mettre en évidence des éléments qui permettent d'évaluer l'impertinence et les effets non prévus du greffon juridique occidental en Afrique en matière de développement économique et social.

Beaucoup de projets de développement butent sur la résistance des pratiques coutumières autochtones séculaires. Le droit moderne d'origine occidentale, qui est imposé au Tchad, montre vite ses limites en tant que fondement juridique au développement. Il est confronté aux réalités impondérables locales.

Le mal développement ou le sous-développement n'est pas seulement affaire économique. Il recèle des connotations culturelles, appelées à évoluer. Or, s'agissant de l'Afrique, on parle très peu d'évolution. On note la résistance des cultures locales face à l'envahissement du corpus juridique occidental. La question est rarement traitée –ou même si elle l'est, c'est en termes de retard de l'Afrique à rattraper l'Occident. Se pose alors le problème de conciliation entre le développement économique basé sur le droit moderne et les traditions locales.

En recopiant tel quel le droit moderne, le législateur tchadien ne fait pas preuve d'inventivité pour trouver une solution à la difficile question de cohabitation dans un même pays de systèmes juridiques différents.

Comment expliquer les résistances au développement économique fondé sur le droit moderne au Tchad ?

Comment combiner le droit moderne et le droit coutumier dans la recherche du développement ?

Comment élabore-t-on le droit moderne et comment s'élaborent les coutumes dans ce pays ? Qui fait le droit au Tchad, comment s'applique-t-il ?

Plusieurs théories sont élaborées pour justifier le retard économique qui, à notre sens, n'en est pas un. Il semble inapproprié de dire que le manque de développement ou le mal développement soit une faute à attribuer aux seules aires colonisées. Si échec il y a, il doit être imputable aux promoteurs de ce système qui ont voulu l'imposer sans se soucier des réalités culturelles séculaires autochtones. Un auteur a écrit qu' « il est indéniable que l'Afrique est devenue dépendante [...] de nos idées dominantes, de tous nos « ismes ». Nous [Européens] sommes d'ailleurs responsables –une responsabilité considérable- non pas tant d'avoir exporté des idées vers l'Afrique, que de l'avoir accablée d'idées fausses[1] »

Dans les sociétés où la propriété privée n'a pas le même sens qu'en Occident, il est clair que le modèle voulu et imposé, tardera à faire ses preuves, même si le foncier peut être un moteur du développement[2], comme l'a démontré le colloque sur le foncier et la décentralisation en Afrique, organisé par la Coopération Suisse en octobre 2002 à Berne. Il a été question de sécuriser les rapports fonciers par la titrisation, ce que certains pays d'Afrique subsaharienne tentent de mettre en place. Toutefois, il faut se garder d'être pessimiste sur cet aspect, car le développement doit être pensé en termes de processus parfois long et coûteux. Au Tchad, par exemple, le développement économique est conçu sur la base du droit moderne occidental. Ce droit n'intègre pas fondamentalement les pratiques juridiques locales. En 1967 un texte important sur l'Organisation Judiciaire[3] a été promulgué. En matière civile, aussi paradoxal qu'il puisse paraître, ce texte juridique marque la prééminence de la coutume sur le droit moderne, cadre juridique du développement économique.

Avant cette date, il existait des droits coutumiers qui régissaient les affaires entre les personnes. Bien qu'ils ne soient pas uniformes pour toutes les régions du pays, ils facilitaient le commerce juridique. Car avant la pénétration de la colonisation française, le Tchad n'était pas un Etat

---

[1] Sorman, G. : *la nouvelle richesse des nations*, Paris, Fayard, 1987, p. 136.

[2] Rapport du colloque sur le foncier tenu à Berne du 8 au 10 octobre 2002.

[3] L'Ordonnance n°6-67 du 27 mars 1967 portant Organisation Judiciaire a été adoptée, qui reconnaît la primauté du droit coutumier sur le droit moderne. Mais le texte souligne que les coutumes dangereuses doivent être écartées en cas de besoin (atteinte à l'ordre public).

moderne avec des frontières telles que nous les connaissons de nos jours. Il y avait un ensemble de royaumes avec leur système juridique propre. C'était le cas des royaumes du Kanem, du Ouaddaï, du Baguirmi, etc. Les Sao, reconnus comme ancêtres des Tchadiens, ont développé une civilisation originale caractérisée par des statuettes funéraires de terre cuite. Au XIe siècle, les Sao sont supplantés par le royaume du Kanem dont le souverain, converti à l'islam, intègre le royaume du Bornou voisin et pousse jusqu'en Libye. Les affaires y étaient réglées par les rois et les conseils de notables qui avaient connaissance des coutumes.

Avec la colonisation, il y a eu l'introduction du droit français, qui institue le « droit indigène. » Ce dernier est un instrument de domination de la colonisation. Il en est ainsi de la promulgation du décret du 29 juillet 1942 définissant le statut des « notables évolués » en Afrique équatoriale française. Cette catégorie n'est pas soumise au code de l'indigénat, les affranchis étaient considérés comme des 'citoyens'. Mais le droit indigène ainsi décrété s'applique selon les régions et selon le degré de maillage de l'administration coloniale. Par exemple en ville où les intérêts français étaient en jeu, ce droit pouvait s'appliquer autrement ; en même temps, dans les villages reculés où les autorités locales ont peu de contacts avec l'administration coloniale, il en allait différemment. Cette situation se poursuit jusqu'à aujourd'hui : en ville, c'est le juge et en campagne le chef traditionnel[4].

La loi "Lamine Gueye" du 24 avril 1946 donne le titre de citoyens français à tous les peuples d'outre-mer au

[4] Aujourd'hui, la situation a bien évolué. Les chefs traditionnels ne sont pas des autorités judiciaires. Leur intervention en matière judiciaire est une situation de fait (justice parallèle). Il n'y a qu'un seul ordre de juridiction au Tchad (Loi n°011/PR/2013 du 17/06/2013 portant code de l'organisation Judiciaire au Tchad.

même titre que les nationaux français de la métropole. Cette loi des citoyens de l'Union française a permis à tous les citoyens des territoires coloniaux de conserver leur statut personnel tant qu'ils n'y ont pas renoncé. La loi Lamine Gueye scelle la cohabitation de deux systèmes juridiques. Le statut des personnes pouvait impliquer la loi applicable en cas de conflits. Le droit moderne pouvait s'appliquer aux Evolués et les droits coutumiers aux indigènes. L'institution du double collège en 1945 a eu pour conséquence de séparer les autochtones des Européens en matière de représentation. Ce fut d'ailleurs un des problèmes majeurs de la 4e République dans ses rapports avec ses colonies. Mais on se rendra compte que ce droit a été institué pour supplanter les droits coutumiers locaux. Cette situation engendre une insécurité, car après la décolonisation, le Tchad, qui n'a pas une législation civile uniforme, continue d'appliquer le code civil français. À l'instar des autres pays africains, le Tchad devait faire face à ce dilemme : « ou maintenir prudemment cet état de choses en s'appuyant soit sur la même hiérarchie –avec les chefs traditionnels-, soit sur un 'clientélisme non-coercitif' ; ou bien se lancer dans un effort radical de développement passant par un *despotisme centralisé*[5] » C'est pourquoi, nous ferons référence au code civil napoléonien tout au long de ce travail.

Ajoutons l'ordonnance 6/67 du 21 mars 1967, qui est capitale en matière d'organisation judiciaire au Tchad. Cette ordonnance dote, pour la première fois, le Tchad d'un système juridique propre après l'indépendance. La période d'avant 1967 a vu l'application des droits indigènes et la poursuite du système mis en place pendant la colonisation.

---

[5] Austin, R. A : In Politique Africaine, N° 73, Paris, Karthala, 1999, p. 193.

Un droit qui prend en compte les éléments socioculturels d'une aire permet aux populations de se sentir à l'aise ; c'est aussi cela le développement. C'est pourquoi, à travers cette étude, nous comprendrons la nécessité d'un droit qui prenne en compte les aspirations des populations tchadiennes qu'il est censé régir.

Nous ne prétendons pas épuiser dans sa globalité la question de l'insécurité juridique que vit le Tchad, tout au plus, nous souhaitons ouvrir des pistes de réflexion et de recherche sur cette question. Car, « l'étude des traditions juridiques dans des cultures différentes, l'étude des transferts des droits dans les pays en développement et celle des mutations juridiques dans la société contemporaine devraient contribuer à l'élargissement et à l'approfondissement de la science juridique comparative et à l'instauration d'un nouvel ordre juridique interne et international qui sauvegarde l'identité des groupes sociaux, des communautés ethniques et des peuples.[6] »

Le programme du Laboratoire d'anthropologie juridique de Paris est intéressant et enrichissant à cet égard. Un ordre juridique qui prenne en compte les

---

[6] Fondé en 1963 par Michel Alliot, le Laboratoire d'Anthropologie juridique de Paris s'est structuré sur la base d'une double dynamique, l'une africaniste et dans le sillage des études sur le droit coutumier, l'autre plus européenne et dans la perspective d'une histoire comparative des institutions. C'est donc par la pratique d'une anthropologie "politique" du Droit que le LAJP a fondé une nouvelle approche "pragmatique" en privilégiant certains champs de recherche où son expertise est de plus en plus souvent sollicitée : les politiques foncières et de gestion des ressources renouvelables (en association avec APREFA, association de chercheurs ayant son siège au LAJP), les politiques judiciaires, la mise en œuvre de l'Etat de Droit, la problématique des droits de l'homme.
On peut trouver les éléments enrichissants du Laboratoire d'Anthropologie Juridique de Paris sur le site www.u-paris10.fr/gdr1178/revuedc.htm

spécificités locales aurait permis un développement autre, plus conforme au bien des populations.

Pour nous permettre de bien cerner la complexité du thème, nous commencerons par un survol rapide de l'histoire politique du Tchad. En effet, l'imbroglio juridique doit son existence à la pénétration de l'administration coloniale, qui pour asseoir son emprise sur le pays, a dû expérimenter toutes sortes de compromis –compromissions-, tantôt en s'appuyant sur les autorités locales, tantôt en les dessaisissant de leurs anciennes compétences. Ce qui a abouti, à l'indépendance, à une situation complexe de cohabitation de deux systèmes juridiques différents. Mamdani a traité de cette thèse dans un ouvrage[7] qui a reçu une bonne critique. Selon lui « dans toute l'Afrique coloniale, les populations rurales majoritaires étaient gouvernées par le biais de chefs indigènes et du 'droit coutumier' sous un régime de 'despotisme décentralisé'. Ce qui explique, selon un auteur[8], « que les membres de ces populations étaient mal préparés à jouer leur rôle de citoyens au sein des Etats modernes ayant succédé au colonialisme ».

Ensuite, nous traiterons de la sécrétion des 'droits coutumiers' –ou code de l'indigénat- comme la science juridique nous l'apprend, qui n'ont rien à voir avec les droits coutumiers issus des terroirs tchadiens. De temps en temps, nous aurons à utiliser ces deux vocables. Au Tchad, il y a aussi le droit moderne d'inspiration française qui continue de s'appliquer. Ce travail va nous permettre de comprendre la difficile coexistence des deux types de droits.

---

[7] Mamdani, M : Citizen and Subject. Contemporary Africa and the Legacy of Late colonisation, Princeton, Princeton University Press, 1996, 253 p.

[8] Austin, R. A : In Politique Africaine, N° 73, Paris, Karthala, 1999, p. 193

Enfin, nous citerons un exemple, parmi tant d'autres, pour illustrer l'antagonisme qui existe entre ces deux types de droits. En effet, des individus qui avaient des droits séculaires sur des terres se virent déguerpis par l'Etat qui invoque l'utilité publique ; en d'autres termes, c'est lui qui est détenteur de tous les droits sur les terres.

II. HISTORIQUE POLITIQUE DU TCHAD

Le Tchad actuel est une construction coloniale française. C'est un assemblage de divers royaumes et autres systèmes d'organisations sociopolitiques qui existaient dans cette partie centrale de l'Afrique. On disait que « d'une peuplade ou d'un ramassis de tribus, il s'agit de bâtir un Etat[9] »

1. Avant la colonisation

Il y avait dans ce qui est devenu le Tchad, des structures politiques anarchiques ou monarchiques. Les premières correspondent à ce qui régissait la vie des habitants de la partie méridionale du pays, tandis que les secondes aux populations islamisées de la partie septentrionale.

1.1. Les structures politiques de type anarchique

Au sud, les groupes, regroupés sous le vocable discutable de Sara, avaient des structures voisines. Ce sont des structures politiques de type anarchique. L'anarchie est ici entendue comme une « forme d'organisation politique caractérisée par une *souveraineté diffuse* exercée de façon communautaire et indivise par le groupe et non appropriée par un individu : il n'y a pas d'autorité

---

[9] Selon les termes d'une circulaire du 8 novembre 1914.

politique différenciée[10] » Cela ne signifie pas absence d'organisation politique, c'est une forme d'organisation politique qui est différente. Les groupes forment une unité politique, domestique et religieuse. Ce fut le cas du *tapeurndal* chez les Ngambay ou le Golbaï chez les Sara-Laka. Ces structures correspondent à une communauté politique autonome avec une famille, son chef, les épouses, les frères, les enfants et les aïeux survivants. Ces groupes vivaient dans une sorte d'autarcie – économiquement parlant. Il y avait donc la solidarité absolue entre les membres des groupes. Les villages étant une association de plusieurs familles, délimitées par la paille tressée. À l'échelon supérieur, se superposent des chefs de guerre, de terre (Mbang), de pluie, des initiés (Lao ou Yondo), de brousse, de chasse, etc. à caractère coutumier qui gèrent la vie du groupe sans commandement réel ni politique de coercition organisée[11].

Pour qu'un groupe vive, a-t-il absolument besoin d'une force de coercition organisée ? S'il y en avait eu besoin, ces gens ne l'auraient-ils pas mise en place ?

1.2. Les structures politiques de type monarchique

Il s'agit essentiellement de l'organisation sociopolitique des populations islamisées qui peuplent le nord du Tchad actuel. Il y avait le Ouaddaï, le Kanem, le Bornou, le Baguirmi, etc. Le Cornec nous dit que « la souveraineté baguirmienne est organisée selon un système monarchique et, en même temps féodal et impérial. Le système monarchique est dans la concentration, la nature, l'exercice et la dévolution du pouvoir politique [12]» Le

---

[10] Le Cornec, histoire politique du Tchad de 1900 à 1962, Paris, LGDJ, 1963, p. 14
[11] Le Cornec cité, p. 17
[12] Le Cornec, p. 21

pouvoir chez les baguirmiens est autocratique, entre les mains d'un seul chef (le Mbang) ; il est de droit divin, car dans l'islam, le roi n'est pas Dieu, ni prêtre mais il est le représentant du prophète dont il tient son autorité. Le Cornec pense que l'islam serait un facteur de monarchisation. Ce qui est fort discutable. Les monarchies européennes seraient dans ce cas d'inspiration islamique ?

Contrairement au système anarchique, il y a ici la confusion du pouvoir entre les mains du monarque ; ce pouvoir est en définitive dynastique, c'est-à-dire qu'il reste dans la famille du fondateur, Birni-Bessé.

Le monarque avait ses collaborateurs, notamment le Mbarma ou chef de guerre, le Patcha ou deuxième chef de guerre –c'est un esclave en général ; vient le Kiréma, favori du roi et le Ngarman, chef des eunuques et enfin un collège de quatre conseillers. À ces dignitaires, ajoutons Goumsou, première femme du roi avec trois autres femmes ; Tchiroma, l'héritier, fils aîné du roi et trois Ngars ou respectivement deuxième, troisième et quatrième fils du roi. Il y a aussi Maguéra, mère du roi régnant et Tchikotma, sœur aînée du roi, cheffe de toutes les femmes du Baguirmi.

L'administration s'exerce par les chefs de village, de tribu et autres dignitaires féodaux. Ce sont notamment les Boulamas ou chefs de village ; les Alifas ou gouverneurs de provinces lointaines.

On retrouvera la similitude de cette structure chez les Arabes et les Foulbé. Chez les Arabes, on trouvera les Kachimbet ou chefs de famille ; les Cheicks ou chefs de villages ou tribus et les Laouanes, intermédiaires entre les autres chefs. Chez les Foulbé, on trouvera Diaourou ou chef de village ; Ardo ou chefs de groupement ; Lamido ou chef supérieur. Une structure similaire se retrouve chez les Kanembous. La cour du royaume du Kanem fait apparaître cette hiérarchie : le Maï ou roi ; la Maguira ou reine mère ; la Goumsa ou première femme ; les Kogamas ou conseillers ; les Maïnas ou princes de la famille royale et les Mallams ou juristes. L'administration fonctionnait grâce aux Mbarmas, chefs de village ; Laouanes, chefs de groupement ; Ayias, chefs de districts et des Maïntas, gouverneurs des provinces

Le fonctionnement des administrations nécessitait des moyens. Les dépenses étaient couvertes par divers impôts, notamment la traite, impôts des villages en espèces ou en nature –bétail, boubou, nattes, peaux, poteries, etc.- revenus de la justice, de la guerre ou impôts religieux, telle la Zakat.

Ce bref aperçu nous donne une idée de ce qu'étaient l'organisation et le fonctionnement des structures politiques avant la colonisation. Pendant celle-ci, il n'était pas question de laisser faire ces différentes structures, à la limite, il fallait les étouffer et les remplacer par l'administration française.

2. Pendant la colonisation

C'est la période de mise entre parenthèses des institutions traditionnelles qui existaient avant l'arrivée des colons français. Un auteur disait : « quant à la loi coutumière, elle fut désorganisée dès notre mainmise sur le pays[13] », car on considérait que le droit français était supérieur aux droits coutumiers locaux. On verra que c'était le but de la manœuvre. « Pendant la colonisation, il n'y a pas de vie propre des groupes locaux : la politique est administrative et superposée, ce qui veut dire que l'administration fait *sa* politique, et *la* politique en général, puisqu'il n'y en a pas d'autre et que son action est le corollaire d'une politique générale émanant de Paris, elle

---

[13] Gentil, Pierre, La conquête du Tchad (1894-1916), Tomes 1 et 2, thèse Paris Versailles, 1971. 300 p.

est donc à la fois importée ou extérieure dans ses mobiles et dans ses fins, et superposée aux préoccupations locales traditionnelles[14] »

Il y a eu tout d'abord l'administration militaire, mise en place dès 1891. Mais l'implantation militaire fut mouvante au début par le fait des vicissitudes de la pénétration. On lit que « souple dans son implantation, l'administration militaire, visant à la pacification, est naturellement rigide dans ses méthodes : elle détruit par son action sinon les structures, du moins les anciens rapports politiques et leur en substitue de nouveaux ; ainsi, l'administration militaire est la première organisation de ces nouveaux rapports, et l'organisation administrative est alors une hiérarchie de postes militaires[15] »

On voit bien que le processus de destruction du tissu sociopolitique existant est mis en branle. Nous verrons plus loin que cette action, doublée d'un manichéisme notoire, va pousser les administrateurs à faire appel aux structures traditionnelles pour mieux les détruire par la suite.

Les opérations de pacification ont porté un coup sérieux aux coutumes.

C'est le décret du 14 mai 1915 qui institue l'administration civile, même si certains territoires étaient encore –du fait de leur résistance farouche au nouvel envahisseur- administrés par des militaires. Ce fut le cas du nord.

Les prolégomènes de cette nouvelle administration avaient vu le jour en 1909. Dans la circulaire du 1er août 1909, Merlin prévoit comment la subdivision allait se faire. Il y propose que « la cellule d'occupation devienne la circonscription, substituée aux régions initiales trop vastes, elle-même constituée en subdivision : chaque

[14] Le Cornec, cité p. 30
[15] Le Cornec, cité p. 32

colonie ou groupe sera divisé en circonstances, dirigé par un administrateur, chef de circonscription. Ces circonscriptions devront être désignées par un nom géographique ou ethnique (nom de fleuve, de montagne, de tribu)… Les titres de commandement de régions, de cercles, de district, comme celui de Résident de France, devront disparaître complètement[16] »

C'est ainsi que les circonscriptions vont devenir Logone, Chari, Guéra, Tandjilé, etc. Ce sont des noms de fleuves, de montagnes, etc. comme l'a suggéré Merlin. On ne pouvait pas faire mieux. Il est question de fondre ces ensembles disparates dans un cadre commun. Ce qui a eu pour avantage de créer un Etat avec des structures communes. Les Tchadiens vont les adopter et s'y identifier. N'était-ce pas la présence du colon qui a forgé cette identité de paille chez les Tchadiens ?

À cette période, toute action administrative était aux mains des colons, qui supervisaient tout. Cette action a eu pour conséquence un bouleversement des rapports entre les différents peuples des pays du Tchad. Désormais, ces rapports se font à un échelon supérieur, qui englobe toutes les ethnies du vaste territoire de l'AEF. L'autarcie et l'autonomie sociales de naguère se fondent ainsi dans le grand groupe. Par ailleurs, une autre conséquence positive est la cessation des guerres et razzia qui gouvernaient la vie des différents peuples. C'est le nouvel ordre social français qui est mis en place. Les rapports prennent un autre sens et « s'exercent dans un système administratif uniformisé ; aux anciennes tribus et aux groupuscules on a substitué ou superposé des cadres semblables : au premier degré, la subdivision ou le district, au second degré, le département, le cercle ou la région ; au troisième degré, la

---

[16] Le Cornec, p. 35

colonie ; au-dessus l'AEF et la République Française ; les plus importantes sont le premier et le troisième degrés[17] »

Mais pour assurer le travail administratif, les colons vont faire appel aux anciens chefs traditionnels, car il manquait de cadres et le territoire tchadien est vaste. On verra se tisser des relations de type protectorat de droit interne, c'est-à-dire que l'autorité s'exerce par l'intermédiaire de chefs locaux traditionnels. Ces derniers sont cooptés et rémunérés par l'administration. Le plus souvent, on a eu des chefs préfabriqués, c'est-à-dire, des chefs nommés pour services rendus à la France. Ce pouvait être des marmitons ou des guides. Les chefs traditionnels deviennent indispensables, même si désormais ils « doivent être des collaborateurs subordonnés et non des potentats en tutelle », suivant les termes de la circulaire de Merlin. Par la suite, on crée des cantons, pure invention française ; Merlin souhaitait « provoquer partout une organisation indigène hiérarchisée ». Ces cantons sont en fait des regroupements de villages dans le sud anarchique et démembrements des Etats au nord monarchique. On confia même la justice aux chefs de ces nouvelles circonscriptions qui appliquent les coutumes locales, sauf les dispositions contraires à l'ordre public français. Ces autorités étaient compétentes en matières aussi bien pénale que civile, avec l'aide des cadis.

Naît une situation complexe en ce qui concerne la nouvelle institution cantonale. En effet, la politique change aussi. Bien qu'agréés par les anciens rois, les nouveaux chefs de canton relèvent directement des chefs des subdivisions administratives. C'est un greffon dans la configuration politique nouvelle. Les cantons devraient, à terme, terrasser les anciennes autorités. On le voit, au début, l'autorité de ces chefs traditionnels était grande,

---

[17] Le Cornec, 36.

mais par la suite, elle va s'étioler au profit du dessaisissement progressif de l'administration. L'entrée en scène de nouveaux auxiliaires va aussi contribuer à la dépossession du pouvoir des chefs traditionnels.

En clair, c'est la mise à l'écart des anciennes autorités locales qui a prévalu à cette période. On assiste à une superposition du droit français et l'instauration de nouveaux rapports de droit. On parle de droit public en ce qui concerne la citoyenneté, la justice, mais le droit civil subit des modifications. Le législateur français a altéré ce droit, en ce qui concerne les coutumes matrimoniales et la dot. L'autre conséquence est le remplacement du commerce autarcique par l'économie monétaire.

À cette première période, caractérisée par la mise en place de l'administration, va suivre une autre période où l'administration se politise. Avec l'accession à la citoyenneté des Tchadiens, l'action de l'administration va se voir à l'étroit. Les nouveaux acteurs agissent de Paris. L'administration a, face à elle, des acteurs capables de mettre son action à mal.

La conférence de Brazzaville de 1944 va aboutir à l'Union Française. La suite est marquée par l'abolition du travail forcé par la loi du 11 février 1946 ; le décret du 20 février 1946 supprime l'indigénat ; le décret du 30 avril 1946 unifie la justice –on abolit le code pénal indigène du 17 juillet 1944. La loi du 24 avril 1946 –dite Lamine Gueye- étend la citoyenneté aux ressortissants des territoires d'outre-mer. C'est aussi la loi du 7 octobre 1946 qui institue les assemblées locales dans les colonies. On note la composition à parité de l'Assemblée Nationale par les représentants de la métropole et ceux des DOM et TOM. En conséquence, cela revient à l'abolition des anciennes structures traditionnelles du fait de leur adjonction à la République Française : Assemblée Nationale unique, justice pénale unique, administration unique, etc. Nous avons vu que le décret du 30 avril 1946 avait aboli la justice pénale coutumière des chefs traditionnels pour la rattacher à la justice de la métropole. Ce qui traduit la volonté coloniale : il y avait là opposition entre principes républicains français et les principes anarchiques ou monarchiques indigènes.

L'incompatibilité entre ces deux philosophies était latente et pour exister, la plus forte devrait chasser la plus faible. On notera ici l'écart important entre ce que dit la constitution et ce qui est fait. En effet, le préambule de la constitution de 1946 précisait que les deux communautés (République Française et la colonie tchadienne) tendaient à « développer leurs civilisations respectives et que les colonies devraient s'administrer elles-mêmes » Cette flagrante contradiction va se poursuivre, même après le départ des colons.

Une autre contradiction provient de l'article 82 qui prévoit que les populations d'outre-mer gardent leur statut personnel, c'est-à-dire la coutume civile et pénale qui les régit ; mais comment le faire dans un système où la chefferie était abolie de fait ?

La mise sur pied de l'assemblée locale a eu pour conséquence de scinder la population en deux : d'un côté il y a les conservateurs avec les coutumes et de l'autre des évolués –le décret du 29 juillet 1942 a créé la catégorie des notables évolués, non soumis au code de l'indigénat- progressistes et nationalistes. Un face à face entre deux institutions, l'une réelle et l'autre légale.

3. L'agitation politique avant la formation du Tchad

La vie politique sera mouvementée à cette période. La deuxième guerre mondiale a favorisé la prise de conscience des populations colonisées, en faisant apparaître la faiblesse des empires coloniaux. La guerre d'Indochine en est l'illustration, suivie peu après par l'agitation de Madagascar et la guerre d'Algérie. Le contexte était propice à la lutte pour l'indépendance.

Dans les colonies d'Afrique noire, comme nous l'avons souligné, la nouvelle politique vise à élargir rapidement le groupe des élites, afin de leur confier de larges secteurs de la vie publique. Mais l'objectif de l'Union Française n'était pas l'indépendance. Le 22 août 1945, le droit de vote est reconnu aux populations africaines et en 1947, on refuse l'idée de rester dans l'Union Française en revendiquant le droit à l'autodétermination conformément à la Charte des Nations Unies dont la France est signataire. On s'appuie sur les syndicats de planteurs que Houpouët-Boigny avait créés et animés. Ce dernier fonde le Rassemblement démocratique africain, RDA. Ce parti, qui se démarque de la SFIO, revendique « l'émancipation des divers pays africains du joug colonial par l'affirmation de leur personnalité politique, économique, sociale et culturelle, et l'adhésion librement consentie à une union des nations et des peuples fondée sur l'égalité des droits et devoirs[18] » Le RDA poursuit la liste de ses revendications/dénonciations « …par suite du caractère mercantile de l'exploitation des populations et du fait aussi des méthodes d'administration directe utilisées par le colonialisme de toutes les classes, y compris la jeune bourgeoisie de nos pays et cadres traditionnels, supportent plus ou moins patiemment le joug impérialiste qui pèse sur eux… La question coloniale en Afrique noire est au fond une question paysanne[19] » Rien de plus attrayant pour séduire la grande masse paysanne !

---

[18] Valette, J. : La France et l'Afrique Subsaharienne de 1914 à 1960, SEDES, Paris, 1994, p. 171

[19] Ibid.

Ce parti se présente comme une fédération des mouvements démocratiques et anticolonialistes de toute l'Afrique noire française, objet de haine et de terreur pour tous les exploiteurs. Mais l'orientation politique communiste du RDA fait peur à Paris, qui décide d'isoler son leader, en traitant avec d'autres chefs politiques. Houpouët-Boigny, devenu grand planteur, avec plus de 3000 ha, se retrouve dans une situation difficile. Alors la France décide de le retourner. Elle y parvint car le 18 octobre 1950, le RDA se désolidarise du camp communiste. La question de l'indépendance n'est pas toujours à l'ordre du jour. En 1953, Mitterrand écartait encore cette hypothèse : « lorsque des nationalistes, se trompant de siècle, veulent en Afrique dépasser leur temps, ou plutôt ressusciter un temps disparu, lorsque dans leurs propos ou leurs actes, ils menacent l'unité démocratique et l'unité militaire, il faut alors les châtier[20] »

Au Tchad, le RDA est sur la scène politique et va l'animer pendant longtemps. Mais la vie politique à cette époque était mouvementée. Des alliances se font et se défont au gré des circonstances. Les partis se font la guerre. Dans les Assemblées, les débats sont virulents. La jeune génération vise à l'indépendance, la France connaît des crises elle aussi. C'est ainsi que Félix Faure dirigeant un gouvernement de centre-droit, voudrait une assemblée à sa guise. Il dissout l'assemblée et convoque des élections législatives anticipées le 2 janvier 1956. Le PPT-RDA – section tchadienne du RDA de Houphouët-Boigny- revient à la majorité dans l'assemblée. Il préside –par Lisette- le conseil du gouvernement. Lisette est un citoyen français d'origine antillaise qui est arrivé au Tchad en 1946 comme adjoint au chef de la région du Logone à Moundou. Mais il quitte rapidement ses fonctions d'administrateur pour faire

---

[20] ibid, p. 173

de la politique. Se posait-il en libérateur des noirs ?[21] Cette ascension a été rendue possible par la loi du 23 juin 1956 dite loi Defferre qui « autorisait le gouvernement à mettre en œuvre les réformes et à prendre les mesures propres à assurer l'évolution des territoires relevant du ministère français d'outre-mer » Cette loi institue le suffrage universel et le collège unique.

L'année 1957 marque le début de la collaboration entre l'administration et le PPT-RDA ; alors qu'avant, ils étaient 'ennemis'. Mais les partis politiques entrent en dissidence à nouveau lors des élections de 1958 pour l'Organisation commune des régions sahariennes, à la suite de querelles personnelles. En plus, la France adopte une nouvelle constitution le 4 octobre 1958. Ce qui a eu pour conséquence de créer un nouvel Etat au Tchad (le 28 novembre 1958). Mais les querelles personnelles et les ambitions vont vite mettre les institutions dans l'agitation. En effet, le 3 février, alors que Lisette se trouvait à Paris, un groupe de 17 parlementaires envoyait un télégramme à De Gaulle. Les termes de cette missive sont évocateurs de la situation politique que vit ce pays depuis sa création – avant sa création même ! « Elus des régions sud –du Tchad s'entend- attirent votre haute attention sur les conséquences des intrigues menées Paris, et dans couloirs assemblée législative du Tchad, par certains éléments métropolitains réactionnaires et notables féodaux des régions nord -du Tchad toujours-, susceptibles de compromettre unité tchadienne. » Neuf ministres démissionnent, tous du nord. Un nouveau gouvernement est constitué et reprend les neuf ministres. Mais cette fois ce sont les membres du PPT qui refusent d'y participer, boycottant le gouvernement et préconisant la création d'un

---

[21] Le Cornec, J. : les milles et un Tchad, l'Harmattan, Paris, 2003, p. 231.

nouvel Etat autonome au sud –Logone, Moyen Chari et Mayo Kebbi.

À Paris, on craint le précédent qui pourrait être dangereux et l'on se dépêche pour concilier les protagonistes. L'instabilité gouvernementale qui s'ensuit démontre à suffisance la genèse des problèmes politiques du Tchad. En moins de trois ans, on peut compter plusieurs changements. Citons les gouvernements du 13 mai 1957 ; du 16 décembre 1958 ; du 11 février 1959 ; du 12 mars 1959 ; du 24 mars 1959 et du 16 juin 1959. La crise politique vient de prendre corps définitivement, engendrant un désarroi général du peuple vis-à-vis de la politique, perçue comme simples querelles entre personnalités.

4. Après la colonisation

Tombalbaye est au pouvoir –gouvernement du 16 juin 1959, et va proclamer l'indépendance du Tchad –le 11 août 1960.

Mais Tombalbaye va entamer une lutte contre les autorités locales traditionnelles accusées de réactions malveillantes à l'action de son gouvernement. Ainsi, les chefs de canton récalcitrants sont « révoqués de leurs fonctions pour mauvaise manière habituelle de servir ». Cette révocation touche également les agents administratifs non-conformistes.

Tombalbaye s'attèle à diffuser l'administration dans le Tchad profond. Lui qui a combattu cette administration pendant la colonisation en devient le propagateur. Les rituels ne changent pas : honneurs avec drapeaux, festivités, etc. Ce qui marque les esprits au nord du pays où la colonie avait eu du mal à s'implanter.

Le nouvel Etat garde des liens avec la métropole, notamment en matière de défense, d'économie, de justice, etc.

En moins de deux ans de pouvoir, Tombalbaye réussit à dissoudre les autres partis politiques par une ordonnance du 19 janvier 1962. L'Assemblée nationale est dissoute à son tour le 28 janvier.

On en arrive à un régime présidentiel avec concentration de tous les pouvoirs entre les mains du président Tombalbaye. Les autorités traditionnelles sont dépouillées de leurs pouvoirs politiques, en ne devenant qu'une structure de transition. Et le pouvoir s'enferme de plus en plus dans une protection blindée avec une loi en date du 6 mars 1963 réprimant les complots contre le chef de l'Etat. Cette loi est un prétexte à la mise au pas des opposants politiques. La veille, refusant d'entrer dans le parti unique, deux ministres sont démis de leurs fonctions. Cela provoque un mouvement de solidarité. Mais le 22 mars 1963, on arrête plusieurs autres politiciens du nord. On entre dans la turbulence. Ce qui démontre la fragilité de cette politique basée sur les ethnies.

La vie politique se transforme dans ses avatars ; aboutissant à la guerre. Mais les régimes qui se sont succédé n'ont pas posé le problème des coutumes pour le discuter et lui trouver une solution. On continue de nier dans la pratique le legs coutumier. Résultat : un imbroglio général : politique, juridique, social, sociologique.

Actuellement un projet de code de la famille est en chantier. Mais les intransigeances des différentes communautés religieuses et socioculturelles empêchent son adoption. Tout comme un projet de code pastoral a été adopté par l'Assemblée nationale, mais ce texte a suscité un tollé général d'une frange importante de la population.

Et dans un geste politique, le président de la république l'a fait retirer sans autre forme de procès[22].

[22] Selon RFI, le 11 novembre 2014, le texte a quand même été voté après que des députés de l'opposition et des partis alliés au Mouvement patriotique du Salut (MPS), le parti au pouvoir, ont quitté le parlement en guise de protestation en demandant le retrait du code pastoral. Idriss Déby désapprouve le gouvernement et la majorité parlementaire qui manifestement ne s'étaient pas souciés de la cohabitation pacifique entre les Tchadiens

1e partie
Le droit coutumier tchadien

« La coutume est un mode de formation du droit par des usages dont la répétition (repetitio) engendre le sentiment de l'obligatoire (opinio juris) : le fait précède la règle. C'est une règle non écrite », nous apprend Michel de Villiers[23].

Dans un système légal, qui a tendance à conférer le pouvoir normatif à la loi votée par les représentants de la nation, quelle place la coutume occupe-t-elle encore ?

Nous allons le constater à travers l'élaboration de la règle coutumière (1) et sa mise en application (2).

[23] Michel de Villiers , Droit Civil, Armand Colin, Paris , 1998, pp : 61-62.

Chapitre 1
L'élaboration du droit coutumier

Dans ce chapitre, nous traiterons d'abord de la création des droits coutumiers, de leurs caractères. Nous évoquerons la diversité de leurs sources avant d'analyser les différentes coutumes.

I. CRÉATION

Le 'droit coutumier' procède de l'usage prolongé (élément matériel) qui finit par s'imposer (élément psychologique).

1. Élément matériel

C'est l'usage général et prolongé qui, suivant l'idée de Carbonnier[24], doit avoir une certaine épaisseur dans l'espace et dans le temps. Cet usage ne doit pas être un acte isolé ; il doit au contraire être le fait de beaucoup de personnes : une région, une ethnie, un groupe – dans ce dernier cas, on peut citer l'exemple d'usages commerciaux. Il n'est pas nécessaire que l'usage soit fait par une nation tout entière. Il en est ainsi des rites qui précèdent ou suivent les travaux de culture dans les champs, des libations et autres sacrifices. On ne retrouve leur origine écrite nulle part, mais ces pratiques sont observées à la lettre. C'est la parole ou la pratique des anciens, des ancêtres. On peut ajouter aussi le respect de la vie humaine qui implique le non-assassinat de la personne. Celui qui veut labourer la terre doit faire un sacrifice,

---

[24] Carbonnier, Jean, Droit civil : introduction, PUF, Coll. Thémis, Paris, 1996, p. 63.

verser du sang d'animal aux ancêtres. Il en est de même pour la construction des cases, etc. La terre reste un bien commun à tous les membres des tribus. Elle ne fait pas l'objet de transactions. On lui fait des sacrifices. On la respecte en pratiquant des rites.

Dans le temps, l'on trouvera la prolongation dans l'ancienneté des actes répétés. C'est dans ce cas que l'on dit de la coutume qu'elle est *mos majorum*, la pratique des anciens. Ce sont ces derniers qui la font exister et la transfèrent aux générations nouvelles. Ces rites sont présidés par des anciens.

2. Élément psychologique

L'usage prolongé et général ne peut fonder seul la règle coutumière. Il faudrait qu'il en découle une croyance au caractère obligatoire de la règle coutumière. En clair, les gens doivent finir par avoir la conviction qu'ils doivent faire comme la coutume l'exige, sous peine de sanction : opinio necessitatis. On constate que les gens finissent par se conformer aux rites et autres sacrifices comme si le refus de le faire les exposerait à des sanctions. C'est aussi en respect aux codes coutumiers que celui qui a commis une faute doit la réparer.

Une fois que ces deux éléments sont réunis, on peut parler de coutume. Certains usages passagers ne peuvent pas constituer la coutume.

3. Caractères de la coutume

La coutume a un caractère informel (1) et un caractère notoire (2).

3.1. Caractère informel

En comparaison au droit moderne, le droit coutumier n'a pas reçu le sceau de la légalité, c'est-à-dire procédant d'un vote émis par des représentants de la nation. On dirait que ce droit ne vient de nulle part, mais qu'il existe et s'impose aux personnes. Ce caractère informel fera dire à certains auteurs que la coutume est un droit inconscient, non délibéré et instinctif[25]. Mais les pouvoirs politiques qui les utilisaient ne se fiaient pas à ce caractère. Nous savons qu'ils n'ont pas besoin de ce caractère pour exister. On pouvait se fier à l'érudition des aînés pour le règlement des litiges et pour la répression des manquements à la norme sociale. Ce qui implique le non-sens de l'opposition droit civil droit pénal.

La coutume tchadienne est non écrite. Son champ est cependant plus large que le simple domaine judiciaire. Se référant au passé, elle prend en compte le consensus social contemporain. Par ailleurs, la coutume constitue la seule vraie limite au pouvoir politique.

Comme nous le constatons, c'est la comparaison au droit moderne qui fait croire que les droits coutumiers constituent une catégorie inférieure. Il n'en est rien en réalité. Dans une affaire pénale ou civile, la même autorité est compétente. On reconnaîtra le caractère civil ou pénal par l'arbitrage ou la punition infligée par le pouvoir judiciaire.

3.2. Caractère notoire

La coutume est générale ; ce qui lui permet d'être respectée par l'ensemble, lui conférant l'opinio necessitatis, ce sentiment d'être obligé par la coutume qui est inhérent à la connaissance que l'on a de son

---

[25] Boris Starck, Henri Roland, Laurent Boyer, *Introduction au droit,* 4è éd., LITEC, Paris , 1996, p . 348.

observation par tous. Chose bizarre, le fait que la coutume existe n'est pas une fin en soi. Il appartient généralement à celui qui l'invoque de prouver son existence et sa consistance.

L'adage *furia novit curia* (le juge connaît la loi) ne peut s'appliquer à la coutume, contrairement au droit objectif où le juge doit connaître la loi et l'appliquer sous peine de se rendre coupable du déni de justice, comme le prévoit l'article 4 du code civil[26]. Si le juge la connaît, le plaideur n'aurait plus à prouver l'existence de la coutume. Comme nous le verrons plus loin, au Tchad, le juge, pour trancher des affaires mettant en cause des personnes de coutumes différentes, se fait assister obligatoirement par deux assesseurs qui connaissent les coutumes invoquées par les parties et qui peuvent attester de l'existence de ces coutumes, conformément aux dispositions de l'article 69 de l'Ordonnance n°6/67 du 21 mars 1967.

Quels sont les caractères du droit coutumier tchadien ?

Le Tchad, en matière coutumière, est divisé en deux. Il y a les coutumes marquées par l'Islam et celles qui sont d'origine judéo-chrétienne et animiste. En dépit de leur opposition confessionnelle, ces coutumes ont dans l'ensemble des caractères communs, résultat de l'animisme séculaire des différentes communautés. Claude Durand[27] recense cinq caractères communs aux droits coutumiers tchadiens. Mais cette division paraît tronquée, car on ne retrouve pas exactement tous ces éléments dans les différents systèmes coutumiers du Tchad. C'est une division « occidentale ».

---

[26] Article 4 du code civil français : le juge qui refusera de juger, sous prétexte du silence, de l'obscurité ou de l'insuffisance de la loi, pourra être poursuivi comme coupable de déni de justice.

[27] Durand, C., *Aperçus sur les droits coutumiers du Tchad*, Université du Tchad, Fort-Lamy, 1970. p 21.

3.2.1. Droit paysan et communautaire

À l'exception des régions nomades, les sédentaires constituent une société traditionnelle essentiellement agricole. Le chef qui, dans le sud du Tchad, a des attributions tant politiques, administratives que religieuses, est l'administrateur de la propriété collective. La terre, bien sacré, léguée par les divinités et les ancêtres, est gérée et répartie entre les différents membres de la communauté qui vivent sur le terroir qui lui est confié. Comme l'ont affirmé certains auteurs, « la terre, c'est d'abord, au plan cosmologique, une entité naturelle et spirituelle, participant tout à la fois de l'ordre de l'univers et de l'ordre humain : l'homme lui appartient, en même temps qu'il coopère à son animation et à sa fructification… Au plan social, c'est un bien dont la valeur est fonction de la relation que l'homme entretient avec elle[28]. » Un proverbe africain dit par ailleurs que « ce n'est pas l'homme qui possède la terre ; c'est la terre qui possède l'homme » Il perçoit des redevances sur les produits qui en résultent.

Ce droit met en exergue le rôle prépondérant du chef coutumier de la terre, cette dernière terre est insusceptible de transactions commerciales. Le lien à la terre est plus important que la détention d'un simple titre de propriété.

L'individu tchadien ne peut évoluer indépendamment du groupe auquel il appartient. Il est lié à son milieu ; c'est ce qui explique le caractère communautaire des droits traditionnels.

À l'instar des autres pays africains, le Tchad ne fait pas exception à la règle. C'est ainsi que Verdier a écrit que « *l'individu ne tient ses droits que de son appartenance aux groupes parentaux, résidentiels, aux classes d'âge, aux confréries et aux groupes politiques*[29]. »

---

[28] Verdier, R. et Rochegude, A. : *systèmes fonciers à la ville et au village en Afrique noire* , l'Harmattan, Paris, 1986, p.8.
[29] Ibid, p. 74

Ce caractère communautaire des droits coutumiers tchadiens transparaît dans tous les aspects de la vie de l'individu. C'est pourquoi, nous le verrons, des personnes expropriées de leur terre ancestrale, risquent d'être une nouvelle catégorie en déshérence. On ne peut pas quitter sa terre et retrouver une autre aussi simplement.

3.2.2. Droit inégalitaire

Notons ici qu'il s'agit de la préséance des anciens. La hiérarchie des âges, des sexes, des castes, la hiérarchie politique, etc. est l'un des critères fondamentaux des droits traditionnels. Ainsi, une femme, quels que soient son intelligence et son âge, n'est presque jamais associée à un conseil de famille. Si elle y est admise, son avis n'est pris qu'à titre de renseignement.

Ce caractère inégalitaire s'observe dans les rapports quotidiens entre jeunes et personnes âgées, entre garçons et filles, etc.

3.2.3. Droit religieux

Que ce soit dans le contexte islamique ou animiste, l'impact de la religion est grand.

Au sud animiste par exemple, la terre est un bien sacré légué par les dieux aux ancêtres et leurs descendants. Elle ne peut faire l'objet de transaction comme un bien ordinaire. La manipulation de la terre comporte des risques. C'est ce qui explique la pratique des rites agraires au moment des semailles et des récoltes.

Kéba M'Baye[30] fait remarquer que «la *terre est insusceptible d'appropriation pour aucun des éléments qui sont le ciel, l'air et la mer qui ont servi à la création de l'univers et le soutiennent. La terre étant à Dieu, aux*

---

[30] Kéba Mbaye : *le régime des terres au Sénégal,* GP Maisonneuve et Larose, Paris, 1971, p. 32.

dieux et aux ancêtres, aucun être humain ne peut se l'approprier, car ce serait commettre un acte réservé à la seule divinité. »

D'une manière générale, la coutume animiste a un caractère révélé. Elle est la parole des ancêtres ; elle est une révélation d'origine divine et doit présenter un caractère relativement immuable. La parole, c'est-à-dire le passé étant supérieur au présent, les coutumes ne connaissent ni prescription, ni autorité de la chose jugée qui semble être une imagination du droit moderne.

On peut dire que les religions marquées par l'influence de l'islam obéissent plus ou moins à la règle de cette religion, parfois doublée d'anciennes pratiques coutumières : l'excision par exemple. Mais il faut se garder de croire que le droit coutumier est synonyme de religion.

3.2.4. Droit oral

L'aspect oral et populaire est l'une des caractéristiques fondamentales des droits coutumiers tchadiens.

Les règles juridiques et religieuses, les coutumes sont recueillies et transmises de génération en génération. Étant orales, elles sont soumises à une évolution qui, à la longue, les transforme. Elles doivent être adaptées dans le temps et dans l'espace. Cette évolution est plus sensible en matière pénale qu'en matière civile.

Nous relevons ces caractères à titre d'illustration, en sachant qu'ils ne sont pas exhaustifs. Le caractère inégalitaire ressemble beaucoup plus à une situation idéale. Car en fait, sommes-nous vraiment égaux devant la loi ? En plus, cette comparaison au droit moderne ne paraît pas normale, car le droit coutumier existe et il se trouve des personnes capables de prouver son existence et le mettre en application.

II. La multiplicité des sources

Comme nous pouvons nous en rendre compte, la particularité des coutumes découle de la diversité de leurs sources.

Le Tchad fait partie de ces pays qui ont une grande diversité ethnique. Du coup, il ne fait aucun doute que les coutumes, régionales par essence, soient de sources diverses suivant les régions. Cette situation peut se rencontrer toutes les fois que des personnes de coutumes différentes sont en conflit. Cela a poussé le législateur à disposer que « ... *les formations de jugement en matière civile seront complétées quand il y aura lieu à l'application des coutumes par deux assesseurs notables ayant voix délibérative*[31] »

En d'autres termes, même si on reconnaît la compétence du juge, on prend le soin de lui adjoindre deux personnes qui ont connaissance de la coutume ou des coutumes que les parties en litige invoquent. Le juge prend donc en considération le point de vue de ces assesseurs sur la question. Dès lors que les assesseurs ont voix délibérative, le juge est minoritaire et capitule, quoique cette coutume décidée soit contraire à la loi.

Cette multiplicité des sources peut constituer un obstacle à l'unicité de la norme juridique du pays, certaines coutumes étant locales, d'autres régionales. Puisque que le législateur fait cette place belle aux règles coutumières, il sera difficile aux investisseurs par exemple d'investir dans l'économie du Tchad.

---

[31] Article 69, précité de l'Ordonnance 6/67.

Chapitre 2
Application du droit coutumier

Nous définirons tour à tour l'autorité qui est chargée de faire respecter les règles coutumières (1), la caution qu'apporte le législateur tchadien à ces règles (2) avant de finir avec quelques cas d'application de celles-ci (3)

I. L'AUTORITÉ

Nous avons vu que les droits coutumiers sont marqués par le respect de la hiérarchie ; qu'ils sont inégalitaires et accordent une prépondérance à l'autorité du chef. Il est clair que les chefs coutumiers sont détenteurs de pouvoirs aussi bien temporels que religieux. Nous apprenons que le Mbang Mougode, chef des Daye respecté et réputé, était entouré de 70 moon, conseillers et féticheurs[32]. Il y avait donc des systèmes qui se « structuraient autour de chefs qui disposaient de pouvoirs dits surnaturels ou héréditaires, découlant de la terre, de l'eau, du feu, ou quelquefois des animaux. La vie de ces sociétés était donc fondée sur les croyances en des forces qui devaient assurer la paix, la fécondité, la fertilité, la prospérité et la santé. On reconnaît dans le Tchad pré colonial l'existence de sociétés organisées aussi bien au Nord qu'au sud : Mbang de Bédaya, Gong de Léré, Dore Toubouri, royaume du Baguirmi, Fitri, Kanem, Ouaddaï, etc.[33] »

---

[32] Goual Nanassoum : 300 dates de l'histoire du Tchad, N'Djamena, CEFOD, p.14. Ajoutons toutefois que Mbang Mougode serait chef des Bédaye (Sara de Bedaya) et non des Daye. Les moon sont plutôt des prêtres de l'initiation ayant leur propre hiérarchie et ne se mêlent pas aux affaires du chef et vice-versa.

[33] Centre Al Mouna : Tchad : conflit Nord/Sud, mythe ou réalité, Sépia, Paris, 199xxx ?, p 24.

Avant la colonisation, ce sont les rois qui détenaient le pouvoir de dire le droit. L'organisation judiciaire fait apparaître le roi comme juge suprême, même s'il ne juge pas tout le temps. Il pouvait intervenir dans des cas exceptionnels ou comme juridiction d'appel en dernière instance dans le cas d'affaires importantes. Exemple, il pourrait prononcer ou confirmer la peine capitale.

A l'échelon inférieur, on trouvera un chef politique qui exerce le rôle de juge. En pays Sara, ce sont des chefs ou arbitres qui règlent les litiges. Dans le royaume de Léré, il y avait un magistrat dans la cour du roi, qui est chargé de dire le droit. Il s'entourait d'assesseurs. Comme à Léré, les chefs en pays Sara nomment dans leur cour un ou des juges, aujourd'hui appelés « djoudj ». Le royaume du Kanem avait un fonctionnement similaire. Au Baguirmi, le droit était mis en application par des Cadis. Ces royaumes avaient une structure politique qui leur permettait de gérer la communauté qui était sous leur garde. On dit que le royaume du Kanem avait une organisation bien structurée et la justice y est rendue par des Mallams. Le royaume du Kanem possédait une armée forte et entretenait un réseau de fonctionnaires chargé de maintenir l'ordre et de prélever les impôts jusque dans les régions lointaines. Notons que la séparation des pouvoirs n'est pas aussi claire, car le roi pouvait dire le droit et prendre des décisions politiques. Mais entre les administrateurs et les juges, il pouvait y avoir confusion, les premiers pouvant exercer le rôle des seconds.

II. Procédure

Les parties en conflit s'expriment librement. Dans le régime de la preuve, tous les modes sont admis : témoignages public et privé, avec serment imprécatoire, enquêtes, etc. En matière de sorcellerie, le régime de la preuve est fondé sur la divination ou l'ordalie. Cette dernière permet de vérifier la bonne ou mauvaise foi du défendeur. Il appartient au final au juge d'apprécier la force probante de la preuve. Par exemple avec l'ordalie, on peut procéder par le poison d'épreuve. On va faire avaler du poison à l'accusé. S'il est innocent, rien ne lui arrive. Par contre s'il est coupable, il meurt ou tombe gravement malade. L'ordalie se fait par brûlure : on fera traverser un lit de braises nu pied à l'accusé ; on lui demandera de prendre au fond d'une marmite d'eau bouillante ou d'huile un objet. S'il est brûlé, c'est qu'il est coupable. On peut aussi lui faire traverser une rivière ou un cours d'eau. S'il n'est pas noyé, cela prouve son innocence.

Les formations de jugement se conforment aux principes d'équité et la coutume. Elles consistent en rappel des précédents et des brocards sous forme de proverbes. Elles sont prises par la majorité des jurés ; les parties doivent consentir à être liées par l'autorité de la chose jugée.

Les appels existaient, mais ils n'ont pas d'effet suspensif, c'est-à-dire qu'ils n'empêchent pas à la décision d'être appliquée. Toutefois, il pourrait y avoir appel en cas de manque d'unanimité des jurés[34].

Celui qui a perdu doit s'exécuter. Le gagnant peut l'y obliger. Par exemple, il pourrait se faire payer sur les biens du perdant. Il pourrait prendre un enfant ou une femme du perdant comme gage de son paiement.

Les décisions sont mises en application par une sorte de police. Mais très souvent, c'est le poids de l'opinion qui fait s'exécuter le perdant.

---

[34] De nos jours, les appels sont suspensifs devant les chefs traditionnels : il n'y a pas d'exécution au cas où la décision du chef du village est attaquée devant le chef de canton, par exemple.

Pour les peines capitales, pour éviter de faire couler le sang fraternel, ce sont des étrangers ou des esclaves qui sont chargés d'exécuter les coupables[35]. C'est ce qui s'est passé en 1888 lorsqu'on décapita Cheikh Ali el-Djidari pour haute trahison après qu'il ait établi des relations diplomatiques avec l'ennemi[36]

Sous la colonisation, les chefs traditionnels ont été mis à contribution pour appliquer le droit indigène. De Gaulle, lors d'une conférence à Brazzaville du 30 janvier au 8 février 1944, affirmera que … « en Afrique française… où les hommes vivent sous notre drapeau, il n'y aurait aucun progrès si les hommes, sur leur terre natale, n'en profitent pas moralement et matériellement. » C'est une tactique détournée de mettre les autorités traditionnelles à contribution. Ce qui sera repris par la Loi Cadre, dite Loi Deferre. Cette loi, prise le 23 mai 1956, permet d' « associer plus étroitement les populations d'Outre mer à la gestion de leurs intérêts propres. Des mesures de déconcentration et de décentralisation administratives interviendront dans le cadre des territoires relevant du Ministère de la France d'Outre mer… »

Après la colonisation, ils ont gardé tout ou presque de leur pouvoir d'appliquer le droit. Ainsi, le régime de François Tombalbaye voulant s'appuyer sur les chefferies traditionnelles pour asseoir son pouvoir, prit le décret n° 102/PR/INT du 6 mai 1970 portant statut de la chefferie. Ce décret dispose que les chefs traditionnels sont :

- Les sultans ;
- Les chefs de canton et de groupements de villages ;

[35] Pierre Alexandre : Les Africains : initiation à une longue histoire et à de vieilles civilisations de l'aube de l'humanité au début de la colonisation, Paris : Lidis, 1981, pp 216-217.

[36] Goual Nanassoum : 300 dates de l'histoire du Tchad, N'djamena, CEFOD, p 15.

- Les chefs de village[37].

Ces chefs traditionnels sont des auxiliaires de l'administration et placés sous l'autorité et le contrôle des préfets, des sous-préfets et des chefs de postes administratifs de leur ressort (article 2).

L'Ordonnance n°6 du 6 mai 1970 portant attributions aux chefs traditionnels de certaines fonctions de police judiciaire, précise que « les chefs traditionnels définis par le décret n°102/INT sont chargés de certaines fonctions de police judiciaire sous le contrôle des officiers de police judiciaire. »

En raison du manque de magistrats formés, la justice peut être rendue par des sous-préfets, juges de paix. Cette disposition est reprise par la Loi n°4/PR/98 du 28 mai 1998 en son article 84.

Déjà, l'Ordonnance 6/67 du 21 mars 1967 portant réforme de l'organisation judiciaire dispose en effet dans son article 1er que « la justice, en toutes matières, est rendue au Tchad par un seul ordre de juridiction qui comprend… les justices de paix. »

Ensuite, l'article 25 mentionne que « *des justices de paix peuvent être créées au siège de toute sous-préfecture où n'est pas établi un tribunal de première instance ou une section de tribunal. Le juge de paix siège seul avec l'assistance d'un secrétaire-greffier.* »

La compétence de ces juges de paix est reconnue expressément par des dispositions réglementaires. Ainsi de l'article 26 de l'Ordonnance 6/67 qui est clair à ce propos. Il dispose en effet que «les *justices de paix sont compétentes en matière civile, commerciale, correctionnelle et de simple police, quels que soient la loi applicable et le statut des parties en cause…* »

Selon l'article 74 de la Loi n°4/PR/98 du 28 mai 1998 portant Organisation judiciaire « … *la justice de paix*

[37] Article 1 dudit décret.

connaît en premier et dernier ressort des demandes appréciables en argent jusqu'à la valeur de 70 000 F CFA en principal et 8 000 F CFA de revenus mensuels[38]. »

Ces justices de paix pouvaient même connaître des actions concernant des contentieux de la nationalité, des droits réels sur les immeubles immatriculés, du régime des privilèges et hypothèques, etc.[39] Notons cependadant que l'article 54 de code de l'organisation judiciaire de 2006 a modifié ces dispositions.

En matière pénale, l'exercice de ses fonctions par le juge de paix était soumis au contrôle du procureur de la république et du procureur général. De nos jours, c'est le président du tribunal d'instance ou de grande instance qui assure ces fonctions.

En matière civile et commerciale, l'activité du juge de paix était soumise au contrôle du président de la cour d'appel, qui pouvait déléguer ses attributions au président du tribunal de première instance. Selon l'article 63 du code de l'organisation judiciaire, « l'activité de la justice de paix est soumise au contrôle des chefs de la juridiction à laquelle elle est rattachée »

Le juge de paix a l'obligation de rendre compte de son activité périodiquement. Aux termes de l'article 67 de l'Ordonnance n°6/67, «tant *que l'effectif ne permettra pas la nomination de juges de paix professionnels, les fonctions en seront remplies par les sous-préfets du ressort. Les sous-préfets sont investis d'office et prennent fonctions après avoir prêté par écrit le serment prescrit pour les magistrats.* »

La concurrence que se font les diverses autorités détentrices du pouvoir de juger peut engendrer des conséquences pour la mise en place d'une justice uniforme

---

[38] Cette compétence est modifiée par le code de l'organisation judiciaire (Art. 54 loi n°011/PR/2013 du 17 juin 2013)

[39] Article 26 de l'Ordonnance 6/67.

pour tous les Tchadiens. Ainsi, le sultan qui, suivant les dispositions du décret n°102 du 6 mai 1970, est chargé de la perception des impôts et d'assurer le bon ordre public, se transforme, par une interprétation in extenso de ce décret, en véritable juge de droit commun. Il se charge désormais de régler des affaires de moindre importance, qui relèveraient en réalité de la compétence du juge. Il en est de même du chef de canton et du chef de village. De nos jours, il connaît aussi des crimes de sang (Diya).

Déjà en 1960, avant même la proclamation de l'indépendance du pays, il a été attribué des pouvoirs assez larges aux représentants de l'administration que sont les préfets et autres sous-préfets.

Le décret 60-26 du 13 février 1960 portant détermination des pouvoirs des chefs de circonscription reconnaît ce pouvoir au sous-préfet, dépositaire aussi du pouvoir de juger.

Quarante ans plus tard, la Loi organique n°7/PR/2002 portant statut des communautés rurales dispose que « le conseil rural décide de toutes mesures nécessaires à l'exploitation des ressources naturelles et à la protection des biens. Ces mesures portent notamment sur :

- Le plan général d'utilisation des terres en fonction des impératifs culturaux, spécialement de l'assolement et des successions culturales ;
- le régime de jachères collectives et de défrichement ;
- le respect des espèces végétales arborées dites espèces protégées sur les terres de culture ;
- l'aménagement de l'exercice de la pêche et de la vaine pâture[40]. »

Ce conseil est habilité à intenter des actions au nom de la communauté rurale. Attendons donc de voir ces actions

[40] Article 18 de la Loi n°7/PR/2002.

au profit des personnes déplacées des champs de pétrole et qui errent dans la nature.

Il est à noter toutefois qu'en matière de protection de l'environnement, l'avis de l'autorité de tutelle est requis. En clair, en cas de risque sur les champs de pétrole, la population n'a qu'à en référer aux représentants de l'Etat, avec ce que cela peut sous-entendre.

Toutes ces autorités peuvent exercer le pouvoir de dire le droit. La pratique nous apprend que des administrateurs ignorants sont à la tête des circonscriptions administratives au Tchad. Avec cet état de choses, on peut craindre que l'harmonisation du droit coutumier ne se fasse encore attendre. Or cela constitue un obstacle à toute action de développement. Notons qu'il s'agit, une fois de plus, de ce que l'auteur français a théorisé comme étant du 'droit coutumier'.

III. Consécration de la primauté des « droits coutumiers » par le législateur tchadien

Dans ce paragraphe, nous parlerons du rôle que confie au 'droit coutumier' le droit moderne tchadien. En attendant de mettre sur place un système cohérent, on reconnaît à la coutume une certaine autorité dans le règlement des affaires. Nous verrons que ce n'est pas un hasard si les droits coutumiers ont un rôle prépondérant dans le commerce juridique tchadien. Il est tout à fait vrai que la diversité des ethnies a pu aider à cet état de chose. L'Ordonnance 6/67 dispose clairement que « *jusqu'à la promulgation d'une législation civile unique, toutes les formations de jugement en matière civile seront complétées, quand il y aura lieu à l'application de coutumes par deux notables assesseurs ayant voix délibérative. Ces assesseurs figureront sur des listes comportant vingt-quatre noms pour la cour d'appel et douze pour les juridictions de première instance. Les conditions d'établissement de ces listes seront fixées par décret.*

Les assesseurs seront appelés à siéger par le président dans l'ordre de leur inscription, mais de telle sorte que la coutume des parties puisse au tant que possible être représentée[41]. »

Par cet énoncé, l'ordonnance 6/67 a opté pour la prépondérance de la règle coutumière.

Quarante ans plus tard, on retrouve l'esprit de cette disposition. Ainsi, la Loi n°4/PR du 28 mai 1998, dans le chapitre III consacré aux dispositions transitoires énonce que : « *tant qu'une législation civile unique n'aura pas été promulguée et jusqu'à une date qui sera fixée par décret, toutes les formations de jugement en matière civile seront complétées par deux assesseurs réputés pour leur connaissance des coutumes. Ces assesseurs ont voix délibérative. Ces assesseurs figurent sur des listes de douze noms pour les cours d'appel et les juridictions de première instance.*

Elles sont arrêtées par le ministre de la justice sur proposition des chefs des cours d'appel concernées[42]. »

Notons qu'en général, les affaires civiles sont réglées au moyen de la procédure de conciliation et que les tentatives de conciliation sont toujours, sinon souvent, confiées à des assesseurs en application des dispositions de l'article 60 du code de procédure civile.

On peut dire que la justice civile était rendue par des assesseurs notables sous le contrôle plus ou moins réel des juges de paix ou des présidents des tribunaux. Désormais, la procédure de conciliation en matière civile est tenue par un juge de conciliation désigné par ordonnance du président du tribunal et par le juge de paix dans une

[41] Article 69 de l'Ordonnance n°6/67.

[42] Article 81 de ladite Loi.

Justice de Paix. Le fait de confier certaines affaires à fort parfum coutumier aux assesseurs dans certaines juridictions n'est qu'une pratique de facto. Un assesseur ne siège jamais seul.

La difficulté de création du droit et son harmonisation uniforme pour l'ensemble des Tchadiens peut avoir des conséquences sur les actions de développement. Nous y reviendrons.

Dans quels cas le droit coutumier s'applique-t-il au Tchad ?

IV. Cas d'application

En préparant la constitution de l'ère démocratique, les constituants n'ont pas osé modifier les choses. Le statu quo est marqué clairement, car l'article 161 de la constitution du 31 mars 1996 dispose que «jusqu'*à leur codification, les règles coutumières et traditionnelles, ne s'appliquent que dans les communautés où elles sont reconnues.* »

Et l'article 162 de poursuivre : « *les règles coutumières et traditionnelles régissant les régimes matrimoniaux et les successions ne peuvent s'appliquer qu'avec le consentement des parties concernées.*

A défaut de consentement, la loi nationale est seule applicable.

Il en est de même en cas de conflit entre deux ou plusieurs règles coutumières. »

Déjà, en 1967, l'Ordonnance 6/67 a opéré une classification de six cas de conflit où le droit coutumier est appelé à intervenir. En parcourant l'article 70 de l'Ordonnance n°6/67, on y peut lire que « lorsque les parties seront de statuts civils différents, les règles suivantes seront appliquées :

1- Dans les affaires relatives à la validité du mariage, au régime matrimonial en l'absence de contrat de mariage, à la dot, aux droits et obligations des époux, aux droits de puissance paternelle, à la dissolution de l'union conjugale et à ses conséquences, à la filiation légitime, il sera statué conformément à la loi qui régit le mari, à moins que les parties n'aient opté pour un statut différent au moment de la conclusion du mariage. Néanmoins, les conditions requises pour contracter mariage seront appréciées en ce qui concerne la femme, suivant son propre statut ;

2- Les actions en recherche de paternité ou de maternité naturelle, les reconnaissances d'enfants naturels, sont régies par le statut du père ou de la mère prétendue ;

3- En matière d'adoption, la loi de l'adopté est seule applicable ;

4- Les successions sont régies par la loi du défunt ;

5- Les donations sont soumises à la loi qui régit le donateur ;

6- En matière de contrat et obligations, la juridiction saisie recherche et applique la loi sous l'empire de laquelle les parties ont entendu se placer. »

Ce n'est que lorsque la coutume est silencieuse que l'on fera appel à la loi.

Mais ces six cas de figure énumérés par le législateur comportent des problèmes. Par exemple, le premier cas qui annonce la suprématie de l'homme offre une possibilité d'option. Les parties ont la faculté d'opter pour un statut qui leur convient le mieux au moment de la conclusion du mariage ; ce qui veut dire qu'en cas de silence, le statut applicable est celui défini par la loi. Ce premier cas met en exergue la question de renonciation tacite ou expresse au statut initial. Que dire quand deux musulmans se marient à l'état civil ? Ils renoncent ainsi tacitement à leur statut initial, à moins qu'ils aient opté pour son maintien. Cette possibilité leur est reconnue par la loi.

Il convient de noter que dans la pratique, cette option est sous-entendue, plaçant ainsi les parties dans une situation ambiguë et dans un conflit latent. Le problème explose au grand jour lorsqu'un malentendu survient par rapport au statut du départ, considéré comme avantageux. Dans ce cas, le juge applique les dispositions du droit positif, c'est-à-dire la loi applicable au mari. Cependant, le législateur admet l'application du statut de la femme s'il s'agit des règles de procédure en vue de la conclusion du mariage. Par principe, le législateur pose au deuxième paragraphe, le cas de la recherche de la paternité ou de la maternité naturelle. Dans la pratique, ce cas ne se pose pas ou presque jamais, sauf le désaveu de paternité exprimé par le prétendu auteur mâle devant témoins. Car la tradition, qu'elle soit animiste ou musulmane, veut qu'un enfant ait pour père le mari de la mère. Quant à l'adoption dont il est question au troisième paragraphe de l'article 70, il s'agit d'un domaine peu vécu dans le système tchadien. L'absence de réglementation en la matière rend peu aisée la tâche du magistrat tchadien. L'article 24 de l'Ordonnance n°33/PG.INT du 14 août 1962 portant code de nationalité tchadienne ne parle de l'adoption que comme condition d'acquisition de la nationalité tchadienne. En la matière, le juge tchadien s'inspire des principes du droit français. Il adopte la même démarche lorsqu'il est saisi des questions relatives aux contrats et obligations.

Comme nous l'avons noté, le législateur est bien conscient des lacunes qui peuvent résulter du règlement du conflit des statuts. C'est ainsi qu'il prend la peine de préciser dans les articles suivants qu'en cas de silence de la coutume, la loi doit être appliquée. La loi, cela voudrait dire aussi bien les lois nationales tout comme le code civil français. Il va même plus loin en disposant clairement dans l'article 72 que «les coutumes doivent être écartées lorsqu'elles sont contraires à l'ordre public. »

En ce qui concerne ce dernier cas, on peut citer l'exemple de l'excision des filles, considérée comme coutume contraire à l'ordre public. Mais dans la pratique, on ferme les yeux en laissant faire. L'excision se poursuit impunément sous le nez des autorités, qui, si elles ne la bénissent pas, adoptent un silence complice.

Nous avons vu que les successions sont régies par la loi du défunt et que les donations sont soumises à la loi du donateur. Il serait judicieux de se poser la question de savoir ce qu'il en est en matière de terre et des droits qui y sont greffés. Dans l'exemple que nous allons évoquer pour illustrer notre étude, il sera intéressant de mettre en lumière le cas de ces personnes déplacées des champs pétrolifères. Quelle loi leur a-t-on appliqué ? N'a-t-on pas simplement utilisé les dispositions de l'article 72 stricto sensu, en traitant les droits coutumiers d'attentatoires à l'ordre public ?

Par ailleurs, les ordonnances n°23, 24 et 25 du 27 juillet 1967 portant régimes fonciers au Tchad et leurs modalités de gestion ont été respectivement suivies des décrets d'application n°186, 187 et 188 du 1er août 1967. Ces dispositions sont difficilement applicables en milieu pastoral. Car les droits sur la terre sont reconnus essentiellement aux producteurs agricoles. Seuls des aménagements forestiers et les activités agricoles pourraient matérialiser une mise en valeur et donc de conférer des droits. A l'inverse, le passage du troupeau ne confère aucun droit réel, bien que le bétail contribue très activement à l'économie nationale.

L'absence de dispositions d'usage précises et acceptées est un terreau pour les conflits fonciers quasi-permanents.

Les pasteurs avaient émis le vœu de disposer d'un ensemble de règles de gestion et d'exploitation des ressources naturelles d'intérêt pastoral. L'Assemblée nationale a abondé dans ce sens en adoptant un code pastoral le 11 novembre 2014 à une très large majorité, mais ce texte important n'était qu'un avorton législatif[43].

Il n'est pas question ici de nier l'introduction de la colonisation, qui est un fait réel. Notre propos est que cette colonisation a introduit un droit moderne qui n'a pas pris en considération les réalités locales. Toutefois, ce n'est pas tant l'existence d'un droit étranger qui pose problème, mais l'inobservation de ce droit par ceux qui en ont la charge qui crée problème : la délinquance de l'Etat. Ce qui a eu pour conséquence de rendre complexes les rapports juridiques des Tchadiens. Au final, on est tenté de dire qu'il n'y a pas problème d'application du droit au Tchad parce qu'on applique un droit étranger, mais plutôt parce qu'on n'applique aucun droit, même pas coutumier.

Sous couvert de recherche de développement économique, on a foulé au pied les privilèges des personnes détentrices de droits inaliénables et ancestraux sur leurs terres. Déjà, nous avons vu, que la terre ne peut faire l'objet de transactions commerciales comme un objet ordinaire. Or, c'est ce qui s'est bien passé quand il a été question de déplacer des personnes de leurs terres natales contre de maigres compensations financières. On sait que le lien à la terre va au-delà d'un simple titre et la vie de l'individu se confond avec son installation sur une terre

---

[43] Le président de la république avait dénoncé le code lors d'un discours célébrant le 24ème anniversaire de sa prise de pouvoir et le Conseil constitutionnel a censuré le projet de loi portant sur le code pastoral. Le texte avait suscité de telles polémiques qui risquaient d'engendrer une crise politique. On est revenu au statu quo.

déterminée, que lui ont léguée ses aïeux. Par conséquent, arraché à cette terre, l'individu se sent perdu.

C'est dans ce cas que l'on mesure l'adhésion ou non d'une population aux actions de développement. Et l'on ignore souvent que ce refus d'adhésion est l'explication idoine du mal développement en Afrique.

2e partie
Le droit positif tchadien

Par droit positif, entendons ici l'ensemble des dispositifs législatifs et réglementaires qui s'appliquent au Tchad. C'est le droit moderne écrit, hérité de la colonisation française.

Nous étudierons l'ordonnancement juridique dans le premier chapitre.

La mise en application de ce droit se fait également par un corps de juges à l'instar du système français. Ce sera l'objet du second chapitre.

Chapitre 1
L'ordonnancement juridique tchadien

Il est constitué de la constitution, des lois organiques, des lois ordinaires et autres règlements. Cet ordonnancement juridique tchadien se calque plus ou moins sur le modèle français avec sa hiérarchie des normes. Depuis 1960, le Tchad a eu plusieurs constitutions ou textes de portée constitutionnelle. Citons les constitutions du 16 avril 1962, du 10 décembre 1989 et du 31 mars 1996. Ajoutons l'Acte fondamental du 18 octobre 1982, les chartes du 28 mai 1991, du 2 mai 1991 et du 5 avril 1993. Ces textes fondamentaux ont légitimé les différents régimes qui se sont succédé au Tchad.

I. La constitution

Dans l'ordonnancement juridique tchadien, la constitution est la loi suprême ; elle arrive en tête des normes juridiques.

La constitution du 31 mars 1996 commence par une référence à la Déclaration Universelle des droits de l'Homme et du citoyen. Ainsi, on peut lire, au tout début de cette loi fondamentale : « Le Tchad, proclamé République le 28 novembre 1958 accède à la souveraineté nationale et internationale le 11 août 1960.

En conséquence, Nous Peuple Tchadien :

- Affirmons par la présente constitution notre volonté de vivre ensemble dans le respect des diversités ethniques, religieuses, régionales et culturelles ; de bâtir un Etat de droit et une Nation unie fondée sur les libertés publiques et les droits fondamentaux de l'Homme, la dignité de la personne humaine et le pluralisme politique, sur les valeurs africaines de solidarité et de fraternité ;

- Réaffirmons notre attachement aux principes des Droits de l'Homme tels que définis par la Charte des Nations Unies de 1945, de la Déclaration Universelle des Droits de l'Homme de 1948 et la Charte africaine des Droits de l'Homme et des peuples de 1981 ;
- ... »

Avant de poursuivre, il serait intéressant de cerner la notion de constitution.

1. Définition

Selon le dictionnaire de droit[44], la constitution est le «texte *fondamental organisant les différents pouvoirs et institutions de l'Etat et garantissant les libertés publiques* »

La constitution détermine la nature et la compétence des pouvoirs législatif, exécutif et judiciaire et pose les limites de leur séparation.

Ainsi, le titre 3 de cette constitution est consacré au pouvoir exécutif. En effet, l'article 59 dispose que : « *le pouvoir exécutif est exercé par le Président de la République et le Gouvernement* »

Les articles 60 et suivants, déterminent la nature et l'étendue du pouvoir exécutif.

Le titre 4 traite du pouvoir législatif. L'article 106 dispose que «le *pouvoir législatif est exercé par un Parlement composé de l'Assemblée Nationale et du Sénat* »

Le pouvoir judiciaire fait l'objet du titre 6 de la constitution du 31 mars 1996. Il est séparé des deux précédents. L'article 146 stipule que «*le pouvoir judiciaire*

---

[44] Fontaine, M. et al. : *Dictionnaire de droit*, Foucher, Paris 1996, p. 96

est indépendant du pouvoir exécutif et du pouvoir législatif. »

Comme nous pouvons le constater, la constitution est la loi suprême du Tchad. C'est elle qui garantit les libertés et droits fondamentaux tels que liberté politique, individuelle et de conscience, l'égalité, etc.

Après un changement de régime –que ce changement ait été démocratique ou non- les nouvelles institutions doivent être mises en place et légitimées par un acte juridique. Souvent, ce furent des chartes nationales –ou de transitions. Par la suite, la constitution sera adoptée par le peuple.

La suprématie de la constitution découle du fait que son élaboration et son adoption diffèrent fondamentalement de celles des autres normes juridiques.

1.1. Élaboration de la constitution

Une assemblée constituante est commise pour rédiger les textes. Elle est constituée de personnes qui ont une connaissance de la vie juridique et politique. Elle est investie d'un mandat d'écrire librement le texte de la constitution qui sera adopté souverainement par le peuple.

Au Tchad, au sortir de la Conférence Nationale Souveraine[45], tenue à N'Djamena du 15 janvier au 7 avril 1993, il a été question de mettre sur pied un comité technique institutionnel chargé de doter le pays d'une constitution. Ce dernier, mis en place par le décret 93-749/PR du 15 décembre 1993, avait pleins pouvoirs pour accomplir sa tâche. L'article premier dudit décret dispose d'ailleurs que « il est crée un Comité Technique

[45] Véritable assemblée de réconciliation entre les fils du Tchad, elle avait réuni des milliers de personnalités de tous bords politiques, militaires et associatifs. Ses conclusions ont été bonnes dans l'ensemble, même si ses recommandations n'ont pas véritablement été respectées du fait de jeux politiques peu clairs.

Institutionnel chargé de rédiger des projets de constitution, lois électorales, la charte des partis politiques. » Composé de 17 membres, ce comité a rédigé les textes de la constitution qui sera soumise au referendum.

Mais la constitution simplement rédigée n'a aucune valeur juridique. Elle doit, pour être valable, recevoir le sceau solennel du vote populaire. C'est ce que nous allons voir dans le paragraphe suivant.

1.2. Adoption de la constitution

La constitution tchadienne a été adoptée par un vote référendaire en date du 31 mars 1996. Les Tchadiens ont exprimé leur sentiment à être liés par cette nouvelle loi fondamentale. C'est donc le vote populaire qui donne sa force à la constitution dans la hiérarchie des normes juridiques. C'est aussi ce vote populaire qui lui confère une portée particulière. Bien entendu, le texte ainsi adopté doit faire l'objet d'une promulgation, c'est cette dernière promulgation qui lui confère sa force juridique. La constitution tchadienne a été promulguée le 14 avril 1996.

2. Portée de la constitution

La constitution institue des organes ; elle répartit entre eux des compétences. Elle assure ainsi la séparation des pouvoirs.

La constitution doit être un texte à caractère rigide. Ce qui a pour avantage de lui conférer sa force sur les autres normes juridiques.

En principe, aucun des pouvoirs ne peut décider unilatéralement de la modifier ou d'en changer le contenu, au risque de s'adjuger la prééminence sur les autres pouvoirs.

Le préambule de la constitution du 31 mars 1996 dispose que le peuple tchadien réaffirme son droit et son devoir de résister et de désobéir à tout individu ou groupe d'individus, à tout corps d'Etat qui prendrait le pouvoir par la force ou l'exercerait en violation de la présente constitution.

En principe, la constitution est censée représenter «le fondement de la validité de l'ordre juridique tout entier[46]. » Elle «détermine les modalités de désignation des gouvernants et leur attribue des compétences. » Mais surtout, il faut reconnaître qu'elle «énonce des principes, par exemple ceux qui sont relatifs à la souveraineté, la représentation ou la séparation des pouvoirs. »

La transmission et l'exercice du pouvoir sont assurés par la constitution. C'est donc elle qui fonde la légitimité des gouvernants.

Dans la pratique, c'est bien souvent le contraire qui se produit. Dans la constitution du 10 décembre 1989, le même peuple avait réaffirmé son droit et son devoir de désobéir à tout pouvoir illégitime. Or, un an après cette constitution, un groupe politico-militaire avait réussi à renverser le régime institué (ou légitimé) par ladite constitution du 10 décembre 1989. Mais le peuple n'avait jamais utilisé ce droit.

En dehors de la constitution, d'autres règles juridiques interviennent.

II. Les lois organiques

Il sera intéressant de définir ces lois avant de revenir sur leurs caractéristiques.

---

[46] Hamon, F. : *Droit constitutionnel*, 27ème éd., LGDJ, Paris. p. 42.

1. Définition

La loi organique est votée par le parlement pour préciser ou compléter les dispositions de la constitution.

La constitution prévoit limitativement des cas de recours aux lois organiques ; ce qui en fait une catégorie à part dans l'ordonnancement juridique entre la constitution et les lois ordinaires.

La constitution du 31 mars 1996 en donne une définition plus précise. Selon son article 131, une «loi organique est une loi qui précise ou complète une ou plusieurs dispositions constitutionnelles.

Elle est votée en termes identiques par les chambres sans qu'il ne soit possible de donner la prééminence à l'Assemblée Nationale.

Elle ne peut être promulguée que si le Conseil Constitutionnel, obligatoirement saisi par le Président de la République, l'a déclarée conforme à la constitution.

Ne sont applicables aux lois organiques les dispositions relatives à l'habilitation de légiférer accordée au gouvernement et celle accordant à la commission de délégations le droit de prendre des mesures qui sont du domaine de la loi. »

Ces lois sont toutes particulières et n'obéissent pas forcément au même régime que les lois ordinaires ou constitutionnelles, que l'on se place au niveau de leur élaboration que de leur adoption.

Quelles en sont les caractéristiques ?

2. Caractères des lois organiques

Comme l'affirment certains auteurs[47], ces lois présentent trois caractères :

1- Elles sont matériellement constitutionnelles ;

---

[47] Hamon, F. précité, p. 48.

2- c'est la constitution qui, faute de pouvoir énoncer des règles aussi détaillées qu'il serait nécessaire, prévoit ces lois organiques pour compléter et préciser le texte. Par exemple, la constitution du 31 mars 1996 prévoit en son article 84.3 que « une *loi organique détermine les emplois auxquels il est pourvu en conseil des ministres ainsi que les conditions dans lesquelles le pouvoir de nomination du président de la république peut être par lui délégué pour être exercé en son nom* ». En ce qui concerne le nombre des députés et sénateurs par exemple, l'article 113 prévoit qu'une loi organique en décidera. L'article 117.2 prévoit quant à lui que la délégation de vote des parlementaires pourrait se faire par une loi organique. Enfin, l'article 125 in fine dispose que les «les *dispositions du présent article pourront être précisées et complétées par une loi organique* »

3- Elles sont adoptées ou modifiées selon une procédure particulière, sensiblement plus contraignante que la procédure législative ordinaire. Notons aussi qu'il est fait obligation au conseil constitutionnel de donner son avis sur tout projet ou proposition de loi organique. Ce qui n'est pas le cas des autres types de lois.

Il est clair que cela permet de contourner des manœuvres en sourdine qui tendraient à porter atteinte aux principes mêmes de la constitution et surtout à la vider de son contenu.

III. Les lois ordinaires

On entend souvent parler de loi, comme texte qui contraint ou autorise ou non à faire quelque chose ou non. Est-ce à dire pour autant que tout texte est loi ?

1. Définition

Selon le dictionnaire de droit[48] la loi est un « texte *voté par le parlement dans les matières qui lui sont réservées par la constitution.* »

L'article 125 de la constitution du 31 mars 1996 dit que la « la *loi est votée par le parlement…* » En d'autres termes, la loi est une règle écrite, générale et permanente, élaborée par le parlement et qui devient obligatoire après des formalités de son entrée vigueur.

1.1. Élaboration de la loi

Au Tchad, l'initiative de la loi appartient, selon l'article 134 de la constitution « *concurremment au gouvernement et aux membres du parlement.* »

Lorsque l'initiative provient du gouvernement, on dit que c'est un « projet de loi » ; celle qui émane du parlement est appelée « proposition de loi ».

Ainsi, la suite de l'article 134 précité prévoit que «les projets de loi sont délibérés en conseil des ministres après avis de la chambre administrative de la cour suprême et déposés sur le bureau de l'une des deux assemblées.

Les projets de loi des finances sont soumis en premier lieu à l'assemblée nationale. »

Pour ce qui est de l'initiative provenant des membres des assemblées, l'article 135 dispose que «les propositions et amendements formulés par les membres du parlement ne sont pas recevables lorsque leur adoption aurait pour conséquence soit une diminution des ressources publiques, soit une création ou une aggravation des dépenses publiques, à moins qu'ils ne soient accompagnés d'une proposition d'augmentation de recettes ou d'économies équivalentes. »

---

[48] Fontaine, M. précité p. 245.

Le projet ou la proposition de loi déposée au parlement, fera l'objet d'examen devant des commissions spécialement désignées à cet effet. Il leur appartient d'élaborer le texte de la loi.

La constitution tchadienne reconnaît au gouvernement et au parlement le droit d'amendement (article 139).

L'article 140 dispose clairement que «tout projet ou proposition de loi est successivement examiné dans les deux chambres du parlement en vue de l'adoption d'un texte identique. » Le réferendum du 6 juin 2005 a non seulement supprimé la limitation du mandat présidentiel, l'âge du candidat, mais également le sénat qui n'a jamais pu être installé. Le sénat est remplacé par un Conseil économique et social. Mais l'adoption du texte de loi seule ne fonde pas la loi à devenir obligatoire. Pour ce faire, il faut encore qu'elle suive une certaine procédure de promulgation.

1.2. Entrée en vigueur de la loi

La loi n'entrera en vigueur qu'après avoir été promulguée. « La promulgation est l'acte par lequel le président de la république constate que la loi a été bien adoptée selon les formes prévues par la constitution et donne à toutes les autorités administratives et juridictionnelles l'ordre de l'appliquer ou de faire appliquer cette loi[49]. »

C'est le chef de l'Etat qui dispose du pouvoir de promulguer les lois, comme le stipule l'article 81 de la constitution. Aux termes de cet article, «le président de la république promulgue les lois dans les quinze jours qui suivent la transmission au gouvernement de la loi définitivement adoptée par le parlement. »

La formule de promulgation est la suivante :

---

[49] Hamon, F. précité, p. 693.

« Vu la constitution ;

L'assemblée nationale a délibéré en sa séance du (date) ;

Le président de la république promulgue la loi dont la teneur suit :

(texte)… »

La loi devient obligatoire après publication dans le journal officiel. La publication est l'acte par lequel la loi est portée à la connaissance des citoyens ; elle consiste en l'insertion au Journal Officiel[50]. Conformément aux dispositions de l'article 1 la Loi 67-19 du 9 juin 1967 relative à l'entrée en vigueur des lois et décrets, « les actes législatifs et réglementaires sont réputés publics et exécutoires sur l'ensemble du territoire de la République dix jours francs après la date de leur promulgation en ce qui concerne les lois ou après la date de leur signature en ce qui concerne les autres textes ». Il est dit aussi que les autorités administratives prendront toutes les mesures nécessaires pour ces actes soient rendus publics partout où besoin sera[51]. Après la publication, tout citoyen se trouve sous l'empire de la loi nouvelle, en application de la maxime «nul n'est censé ignorer la loi », à moins que la loi ait disposé autrement.

Certaines lois peuvent déterminer le jour de leur prise d'effet ; dans ce cas, l'observation de la loi nouvelle commencera à cette date. C'est le cas des actes dont la publication est faite selon la procédure d'urgence. Selon l'article 2.4 de la loi 67-19 « les actes publiés selon la procédure d'urgence seront réputés connus et exécutoires le lendemain du jour où ils auront été diffusés par la radio diffusion nationale tchadien et l'Agence Tchadienne de Presse »

[50] Ibid. p 695.

[51] Article 2 de la loi 67-19 du 9 juin 1967.

2. Domaines de la loi

La loi ne peut avoir d'effet que si elle est intervenue dans le champ qui lui est délimité par la constitution. Il y a des matières qui ne relèvent pas de son champ. La constitution du 31 mars 1996 a prévu ses domaines au législateur. C'est l'article 125 qui énumère ces domaines (Voir annexe). Retenons toutefois ces domaines :

- Le régime de la propriété, des droits réels et des obligations civiles et commerciales ;
- La protection de l'environnement et de la conservation des ressources naturelles ;
- Le régime foncier ;
- Le régime du domaine de l'Etat ;
- Du régime des transports et télécommunications ;
- De l'agriculture, élevage, pêche, eaux et forêts.

Les dispositions du présent article pourront être complétées par une loi organique. »

Comme nous pouvons le constater, le domaine de la loi est vaste. Les matières qui ne ressortent pas du domaine de la loi ont un caractère réglementaire (article 126).

Il est donc souhaitable que l'intervention du législateur reste dans ce champ bien délimité, pour éviter des empiètements sur ce qui relève du pouvoir réglementaire du Gouvernement.

IV. Les règlements

Définissons dans un premier temps ce qu'est un règlement avant de revenir à une classification.

1. Définition

Un règlement peut se définir comme «un acte de portée générale et impersonnelle édicté par les autorités exécutives compétentes.»

Nous venons de le voir, l'article 126 de la constitution du 31 mars 1996 dispose que les matières autres que celles du domaine législatif ont un caractère réglementaire.

L'article 129 prévoit que «le gouvernement peut, pour l'exécution de son programme, demander au parlement l'autorisation de prendre par ordonnance, pendant un délai limité, des mesures qui sont normalement du domaine de la loi. »

En général, le président de la république dispose du droit de signer des décrets qui viennent assurer la mise en application des lois votées par le parlement. L'article 84 de la constitution dispose que le président signe les ordonnances et décrets pris en conseil des ministres.

Ainsi, ordonnances et décrets entrent dans cette catégorie de règlements réservée au pouvoir exécutif.

Les ordonnances du chef de l'Etat interviennent dans les matières réservées normalement à la loi. Elles ne peuvent être prises que sur autorisation expresse du parlement et pendant un délai déterminé. L'article 129.2 prévoit que les ordonnances sont prises en conseil des ministres après avis de la chambre administrative de la cour suprême. Les alinéas suivants apportent leurs limites. On y peut lire que les ordonnances entrent en vigueur dès leur publication mais deviennent caduques si le projet de loi de ratification n'est pas déposé devant le parlement avant la date fixée par la loi d'habilitation.

2. Classification des règlements

En règle générale, on peut distinguer les règlements selon l'autorité dont ils émanent.

Selon Ghestin et Goubeaux[52], il y a :

« 1- Les décrets du président de la république délibérés en conseil des ministres ;

2- les décrets simples du président de la république ;

3- les décrets du Premier ministre ;

4- Les arrêtés interministériels ;

5- Les arrêtés ministériels ;

6- Les arrêtés préfectoraux ;

7- Les arrêtés municipaux pris par le maire de la commune ;

8- Certaines autorités indépendantes peuvent prendre des actes considérés comme des règlements. Il s'agira de certaines commissions ou conseils : Haut conseil de la communication, par exemple.

A l'instar des lois, les règlements deviennent obligatoires après leur publication au Journal Officiel.

Notons cependant que si la loi n'est pas conforme à la constitution, le conseil constitutionnel peut en déclarer l'inconstitutionnalité. C'est lui qui est habilité à trancher ce cas. Au contraire des lois, la légalité des règlements relève de la compétence des juridictions administratives et judiciaires. Ainsi, on aura des recours pour excès de pouvoir qui interviennent en cas de violation de la loi. Si le juge saisi déclare le règlement non conforme à la légalité, cette décision s'appliquera erga omnes, c'est-à-dire que son annulation produira les mêmes effets à l'égard de tous. Une telle décision a été rendue au Tchad en ce qui concerne l'autorisation de fonctionner d'un parti politique.

C'est l'application du droit par les juridictions nationales compétentes.

---

[52] Traité de droit civil : *introduction générale* 4ème édition, LGDJ,. Paris, 1992, p. 236.

Chapitre 2
La mise en application du droit positif tchadien

Après avoir étudié le pouvoir judiciaire au Tchad, nous analyserons l'organisation judiciaire de ce pays.

I. Le pouvoir judiciaire

Les différentes constitutions du Tchad ont institué un pouvoir judiciaire. Ce pouvoir occupe une place importante dans les constitutions. C'est l'indépendance réelle du pouvoir judiciaire qui pose problème. Car, du régime de Tombalbaye à celui de Déby en passant par celui de Hissène Habré, le pouvoir judiciaire a été mis au pas. Il servait même à justifier la barbarie sanglante de ces régimes. On se rend compte de ces cours de justice spéciales instaurées sous Tombalbaye pour la sûreté et la sécurité du Tchad mais qui étaient en fait un instrument de répression politique.

Il en a été de même sous Hissène Habré où la cour spéciale de justice pouvait mettre en prison des opposants accusés de détournement de fonds publics.

La constitution du 31 mars 1996 consacre son titre 6 au pouvoir judiciaire du Tchad. En effet, l'article 146 de cette constitution dispose que «*le pouvoir judiciaire est indépendant du pouvoir exécutif et du pouvoir législatif.* »

Ce pouvoir est exercé par la Cour Suprême, les cours d'appel, les tribunaux et autres justices de paix. Il détient le rôle de gardien des libertés et de la propriété individuelle ; il veille au respect des droits fondamentaux.

En outre, le président de la république est le garant de l'indépendance de la magistrature. L'article 150.1 et 2 prévoit que c'est le chef de l'Etat qui «veille à l'exécution des lois et des décisions de justice ;

Il est assisté par le conseil supérieur de la magistrature »

C'est encore lui qui préside le conseil supérieur de la magistrature, tandis que le ministre de la justice en est le vice-président de droit et le président de la Cour suprême en est le deuxième vice-président.

En fait, c'est le conseil supérieur de la magistrature qui exerce le pouvoir judiciaire, car il propose les nominations et les avancements des magistrats ; il assure la discipline des magistrats à tous les niveaux.

L'indépendance des magistrats est prévue par la loi fondamentale du Tchad. L'article 155 stipule que «*les magistrats du siège ne sont soumis dans l'exercice de leurs fonctions qu'à l'autorité de la loi. Ils sont inamovibles*»

Comme nous pouvons le remarquer, le pouvoir judiciaire au Tchad est institué par la constitution. Celle-ci prévoit que les règles d'organisation, de fonctionnement ainsi que les régimes des incompatibilités sont fixés par une loi. C'est ce que nous allons étudier dans les lignes qui suivent.

Observons toutefois que l'indépendance des magistrats est parfois mal assurée. Elle peut être sujette à diverses immixtions et autres caprices des autorités administratives, contrairement à ce que dit la constitution.

En 1997, Missé Nanando[53] remarquait que «quand on parle de 120 magistrats, il faut noter que ceci confond magistrats et juges de paix. De plus, il s'agit de juges non spécialisés ». Poursuivant son analyse, en ce qui concerne l'indépendance de la magistrature, l'auteur regrette que «la loi tchadienne a pris plusieurs dispositions pour rendre le juge véritablement indépendant. Mais en y regardant de

---

[53] Missé Nanando : Tchad, pouvoir judiciaire handicapé, ANB-BIA Supplément-Issue Nr. 337. 01/01/1998. www. Peacelink.it/anb-bia/nr337/f20.html

près, on se rend compte que beaucoup reste encore à faire ». Pourtant, «il est indiqué dans la constitution tchadienne que le juge n'est pas désigné, mais il est nommé selon une règle précise. Le conseil supérieur de la magistrature fait une proposition de nomination au ministre de la justice. Dans la pratique, le ministre de la justice prépare un avant-projet de décret à l'attention des membres du conseil supérieur de la magistrature qui l'examine en conseil présidé par le président de la république actant comme président du conseil supérieur de la magistrature. Celui-ci signe le décret après avis conforme de ce conseil.

En outre, le conseil supérieur de la magistrature est le seul organe de gestion de carrière des magistrats (avancement et discipline).

L'article 153 de la constitution stipule que « les magistrats ne doivent pas être affectés n'importe quand, n'importe où et n'importe comment. On tient compte de leur souhait»

La préoccupation du législateur d'assurer l'indépendance de la magistrature est manifeste. Ainsi, sous le fallacieux argument de nécessité de service, on procédera à l'affectation du magistrat qui tente de se rendre insoumis à l'emprise de l'administration[54]. La même chose se constate quand on oublie de procéder à la promotion du magistrat récalcitrant.

Même si cette indépendance de la justice est garantie sur papier, dans la réalité, «les juges éprouvent de nombreuses difficultés sur le terrain à cause de l'immixtion des autorités administratives... Par exemple, si un contentieux oppose un travailleur à une ONG internationale œuvrant sur le territoire national, le ministre des affaires étrangères peut intervenir auprès du juge pour influencer sa décision. Car, estime-t-il, l'ONG en question

[54] Ibid.

injecte beaucoup d'argent dans le pays et la condamner comporte le risque de la voir quitter le Tchad[55]»

A ces situations insidieuses, ajoutons l'ignorance de la grande majorité des citoyens tchadiens du fonctionnement de la justice. Aussi, statutairement, le juge du siège ne doit pas rendre compte de son activité au ministre. En pratique, ce n'est pas le cas. Le ministre de la Justice fait souvent pression sur les magistrats. Ces derniers, pour sauver leur tête et leur poste, se soumettent à la tutelle du ministre. On peut donc pointer dans cas le carriérisme du magistrat qui, pour ses propres intérêts, refuse allègrement d'incarner l'indépendance et se cache sous le paravent de la pression ou de la répression de sa hiérarchie.

Grande reste donc la question de la coexistence du droit moderne et du droit coutumier. Cela ne simplifie pas la tâche au juge tchadien.

II. L'ORGANISATION JUDICIAIRE DU TCHAD

Selon les prescriptions de la constitution, les règles d'organisation du pouvoir judiciaire sont fixées par une loi[56].

Un bref aperçu historique nous permettra de cerner l'évolution de l'organisation judiciaire au Tchad.

A son accession à l'indépendance, le 11 août 1960, le Tchad signa avec la France, ancienne puissance colonisatrice, des conventions déterminant le cadre de la coopération judiciaire en attendant l'élaboration de son propre système judiciaire. Il s'agit des conventions du 27 juillet 1959, du 5 janvier 1960 et du 12 juillet 1960. Ces conventions ont pour but de pourvoir la justice tchadienne en personnel ou en assistance technique.

---

[55] Ibid.

[56] Article 156 de la Constitution du 31 mars 1996.

1. La période transitoire

La transition qui va durer de 1960 à 1967, a été régie par la convention judiciaire annexe du 05 janvier 1960. Comme on peut le constater, cette accession à l'indépendance impliquera la rupture ou le réaménagement des liens anciens avec la Fédération de l'Afrique Équatoriale Française et avec la France elle-même. Ainsi, la chambre d'appel de Fort-Lamy deviendra la cour d'appel et n'aura plus de lien avec Brazzaville.

La convention du 05 janvier 1960 va permettre au Tchad de bénéficier du concours des magistrats français. Elle permettra également au Tchad de régler ses affaires judiciaires avec la France. Selon Baniara Yoyana[57], cette convention est la première d'application particulière de la convention du 27 juillet 1959 relative au concours en personnel apporté par la France au fonctionnement des services publics du Tchad.

Il y a en outre l'accord du 12 juillet 1960 relatif aux dispositions transitoires en matière juridique entre le Tchad et la France. Les différents points essentiels de ces accords sont :

1- Les recours contre les décisions des juridictions tchadiennes continueront d'être portés devant la cour de cassation et le conseil d'Etat à Paris ;

2- Les décisions des juridictions françaises et tchadiennes seront exécutoires sur leur territoire respectif ;

3- La transmission des actes judiciaires se fera comme par le passé ; l'organisation interne est, quant à elle, peu modifiée.

Des tentatives de rédaction de codes dès les débuts de l'indépendance, ont été vite abandonnées. Toutefois, la cour criminelle a été organisée par l'Ordonnance n°1 du 17 mars 1961.

[57] Magistrat tchadien.

En matière du droit du travail, la loi n°7 du 04 mars 1966 mit en place un nouveau code du travail et de la prévoyance sociale abrogeant ainsi le code de 1952. Cette loi aligne le tribunal de travail sur le tribunal de première instance, qui ne sera plus désormais la juridiction d'appel en matière sociale. Mais les appels contre les décisions du tribunal de travail seront examinés par la chambre sociale de la cour d'appel.

En matière administrative, un tribunal administratif a été institué par décret en date du 29 mai 1959. Malheureusement, cette juridiction n'a jamais fonctionné faute de moyens. Il en a été de même pour la chambre administrative de la cour suprême définie par la constitution du 16 avril 1962. Signalons aussi que pendant cette période transitoire, on a assisté à l'érection de deux juridictions spéciales. En effet, l'Ordonnance du 29 mars 1961 institua un tribunal spécial ; tandis que le décret du 15 mai 1963 créa, lui, la cour criminelle spéciale.

La création de ces deux juridictions trahit clairement le virage vers le despotisme du régime de la première république.

2. L'ordonnance n°6/67/PR.MJ du 21 mars 1967

L'année 1967 a été très riche en matière de réforme judiciaire. En dehors de l'Ordonnance citée ci-dessus, l'Ordonnance n°12 et 13 du 9 juin 1967 institua les codes de procédure pénale et administrative. Le code de procédure civile, lui, a été publié en deux phases. L'Ordonnance n°18 du 28 juillet 1967 en promulgua la première ; la seconde fit l'objet de l'Ordonnance n°25 du 19 août 1967, en ce qui concerne les deuxième et troisième parties.

Pour revenir à l'Ordonnance n°6/67 du 21 mars 1967, notons qu'elle apporta un changement notable. Elle marqua une triple innovation en fixant tout d'abord le statut des justices de paix, ensuite en instaurant un seul ordre de juridiction enfin, en consacrant la règle coutumière comme étant le droit fondamental du Tchad.

2.1. Le sous-préfet juge de paix

La réforme rompit avec l'ancien système qui reconnaissait la compétence aux autorités administratives telles que préfets et sous-préfets. Désormais, seul le sous-préfet est juge de paix, cumulant ainsi son mandat administratif avec l'autorité judiciaire. L'article 67 de cette Ordonnance dispose d'ailleurs que «*tant que l'effectif ne permettra pas la nomination des juges de paix professionnels, les fonctions en seront remplies par les sous-préfets du ressort. Les sous-préfets sont investis d'office et prennent fonctions après avoir prêté par écrit le serment prescrit pour les magistrats* » Toutefois, il faut situer cette disposition dans son contexte : ce n'est qu'une disposition transitoire pour suppléer la carence d'effectif de magistrats professionnels, malheureusement, elle a tendance à s'éterniser. La loi du 17 juin 2013 ne contient plus une telle disposition.

Dans l'exercice de ses fonctions de juge de paix, le sous-préfet est soumis à l'autorité du ministre de la justice, comme le prévoit l'article 68 de l'Ordonnance n°6/67. Le sous-préfet, juge de paix, est donc soumis à une triple autorité. En dehors de rendre compte au ministre de la justice –il n'y a pas de lien hiérarchique direct entre le sous-préfet et le ministre de la justice-, le sous-préfet juge de paix le fait également au juge du siège (président du tribunal ou juge résident) ou au procureur de la république selon qu'il informe, juge ou poursuit. Cette situation est délicate pour leurs autorités supérieures, c'est-à-dire les préfets. Ces derniers ne comprennent pas que ces sous-préfets soient retirés à leur contrôle.

Il faut noter que les sous-préfets relèvent du pouvoir exécutif avant tout. Comment parler de l'indépendance de la justice dans ces conditions ?

Mais en attendant que des juges de paix professionnels soient formés, la justice continue de fonctionner avec cet oxymore institutionnel.

2.2. L'unicité de l'ordre de juridictions

L'Ordonnance n°6/67 dispose que «la justice en toutes matières, est rendue au Tchad par un seul ordre de juridictions qui comprend :

1. La cour d'appel ;
2. Les cours criminelles ;
3. Les tribunaux de première instance et leurs sections ;
4. Les justices de paix ;
5. Les tribunaux de travail.

En clair, le Tchad, en faisant ce choix, ne considère pas l'existence des juridictions administratives comme constituant un ordre à part.

2.2.1. La cour d'appel et ses chambres

A cette époque, la cour d'appel de N'Djamena seule jouait le rôle d'organe de contrôle des décisions des juridictions inférieures, comme nous venons de voir. L'article 5 de l'Ordonnance n°6/67 détermine sa composition. Il stipule que «la cour d'appel comporte au moins :

- Une chambre administrative et financière ;
- Une chambre de cassation ;
- Une chambre civile, commerciale et sociale ;
- Une chambre d'accusation ;
- Une chambre correctionnelle et de simple police. »

La cour d'appel est le seul juge du second degré.

A la chambre de cassation, la cour d'appel juge en dernier ressort les affaires jugées en premier ressort par les juridictions de base.

A la chambre administrative et financière, la cour d'appel est saisie en première et dernière instance des conflits opposant des agents de l'Etat ou des citoyens aux institutions publiques.

Une chambre constitutionnelle était chargée de juger de la constitutionnalité des lois et du contentieux électoral.

Notons à propos de cette chambre qu'après avoir proclamé les résultats de la première élection présidentielle et des élections législatives, elle n'existe plus. Sa disparition serait certainement due à la création de la Cour Suprême ou du Conseil constitutionnel. Car le titre 7 de la constitution est consacré au conseil constitutionnel, seul juge de la constitutionnel des lois au Tchad.

2.2.2. Les cours criminelles

Les cours criminelles par contre sont des juridictions non permanentes, appelées à juger des crimes dont elles sont saisies conformément aux dispositions du code de procédure pénale. A l'instar des cours d'assises françaises, ces juridictions sont populaires, c'est-à-dire, composées de juges professionnels, tous membres de la cour d'appel et d'assesseurs tirés au sort sur une liste de 25 citoyens ayant voix délibérative sur les questions de culpabilité, sur l'application de la peine et sur les intérêts civils.

Les décisions de ces juridictions ne sont pas susceptibles d'appel, sauf voie de recours exceptionnel, comme le prévoit l'article 183 du code de procédure pénale.

2.2.3. Le premier ordre de juridictions :

Il comprend les tribunaux de première instance et leurs sections, les justices de paix et les tribunaux de travail. Il y a au Tchad un tribunal de première instance dans chaque chef-lieu de préfecture, six sections de tribunaux, 42 justices de paix. Ces dernières sont instituées dans localités où il n'y a pas de tribunaux ou sections de tribunaux.

En matière sociale, il y a quatre tribunaux de travail.

Les appels contre les décisions des justices de paix sont interjetés directement devant la cour d'appel de N'Djamena, qui est l'organe de contrôle.

En ce qui concerne les justices de paix, on se référera au paragraphe 2.1, ci dessus.

2.3. Consécration de la coutume comme norme fondamentale

Nous l'avions noté précédemment, l'Ordonnance n°6/67 consacre la primauté des règles coutumières en ces termes : « jusqu'à la promulgation d'une législation civile unique, toutes les formations de jugement en matière civile seront complétées quand il y aura lieu à l'application des coutumes, par deux assesseurs notables ayant voix délibérative »

Il y a dans cet énoncé la consécration par le législateur tchadien de la primauté de la règle coutumière sur la règle écrite.

Par ailleurs, le juge doit obligatoirement être assisté de deux assesseurs représentant la ou les coutumes des parties en conflit. En plus, ces assesseurs prennent part à la décision en tant que juges eux-mêmes.

Comment a-t-on pu engendrer ce flou juridique délibéré ? Dans ce système, comment la justice pourrait être rendue. Déjà, ceux qui détiennent le pouvoir de dire le droit sont innombrables ; on peut donc à bon droit craindre la mauvaise marche de la justice au Tchad. Comment faire du développement avec cet état ambigu de droit ? Que prévoit la dernière réforme de l'organisation judiciaire ?

3. La loi n°004/PR/98 du 28 mai 1998

On peut dire à propos de cette dernière loi qui porte réforme de l'organisation judiciaire qu'elle respecte l'esprit de la précédente qu'elle est censée abroger. Les rares aménagements qu'elle apporte consistent en l'institution d'une cour suprême, la plus haute instance judiciaire du Tchad. Ainsi, l'article 7 de ladite Loi institue une cour suprême au Tchad en ces termes : « la cour suprême est la plus haute juridiction du Tchad en matière judiciaire, administrative et de comptes.

Elle statue sur les pourvois en cassation en toutes matières conformément à la loi relative à son organisation et à son fonctionnement… »

Les membres de cette cour, au nombre de 16, sont choisis aussi bien parmi les hauts magistrats que parmi les spécialistes du droit administratif, budgétaire et de la comptabilité publique. En effet, ce sont le président de la république, le président de l'assemblée nationale et celui du sénat qui sont habilités à nommer ces conseillers, membres de la cour suprême : six pour le premier et quatre chacun pour les deux derniers.

Cette nouvelle haute juridiction assume le rôle que jouait précédemment la cour d'appel de N'Djamena.

On peut noter que désormais, il y a quatre cours d'appel au Tchad et non plus une seule comme avant.

La nouvelle loi institue également des tribunaux de première instance qui comprennent :

- Une chambre civile et coutumière ;
- Une chambre administrative ;
- Une chambre correctionnelle et de simple police ;
- Une chambre pour enfants ;
- Des cabinets d'instruction.

Le tribunal de première instance connaît, dans l'étendue de son ressort et sous réserve de la compétence attribuée aux juges de paix, des actions civiles et commerciales :

- En premier et dernier ressort jusqu'à la valeur de 200 000 F en principal et 50 000 F de revenus :
- En premier ressort seulement et à charge d'appel des actions s'élevant au-dessus de ces sommes.

Finalement, ce même tribunal a des compétences en matière administratives également. L'article 30 dispose que «le tribunal de première instance connaît des affaires de plein contentieux administratif, notamment le contentieux des contrats administratifs et des quasi-contrats, le contentieux de la responsabilité »

Un commissaire du gouvernement expose à cet effet les questions soumises au tribunal ainsi que les règles de droit applicables et fait connaître son opinion sur les solutions du litige.

Le tribunal est aussi juge en matière répressive, en d'autres termes, il joue plus ou moins l'ancien rôle de la cour d'appel de N'Djamena.

Le système juridique et judiciaire tchadien est soumis à des balbutiements et des contradictions. La coexistence du droit moderne et du droit coutumier ainsi que l'enchevêtrement des autorités chargées d'exercer le pouvoir judiciaire constituent des obstacles réels à l'harmonie du droit. Souvent, l'empiétement du pouvoir exécutif dans le champ du judiciaire fait craindre un statu quo désavantageux pour l'ensemble des Tchadiens. Cet état de choses n'encourage guère les investissements au Tchad. Or personne n'ignore aujourd'hui ces investissements sont bénéfiques pour l'économique du pays.

Le projet d'exploitation du pétrole au Tchad va cristalliser ces problèmes pour la population autochtone. Il est fait sur la base du droit moderne et prendra effet dans des aires dominées par les coutumes.

3e partie
Antagonisme entre droit moderne et droits coutumiers en matière de développement

Le régime foncier coutumier qu'on trouve au Tchad coexiste avec le droit moderne lui-même dérivant du droit colonial. Ce régime traditionnel donne le droit au premier occupant. Le pouvoir des chefs traditionnels dans son type originel va en diminuant suite aux différentes interventions de la loi moderne ainsi que de l'influence du christianisme et de l'islam.

Les colonisateurs ont introduit le droit foncier colonial sur lequel le Tchad s'est basé pour légiférer sur le foncier après l'indépendance. Le droit colonial considère les terres vacantes non cultivées comme sans maître. Sur cette base, des communautés ont été expropriées de leurs terres dont certaines continuent à revendiquer jusqu'aujourd'hui l'appartenance. Dans certains cas, la colonisation a aboli le système de gestion féodal de la terre, qui était plus avantageux pour les autochtones.

Si le droit colonial a favorisé les colonisateurs et l'élite tchadienne, les réformes législatives entreprises par les gouvernements tchadiens après les indépendances, ont donné plus d'avantages aux riches et aux élites nationales au détriment du reste de la population.

On trouve alors une dualité droit coutumier/droit moderne ; les communautés résistant en fait à un certain arbitraire de l'Etat en se référant au droit coutumier qui se base sur les droits ancestraux des membres des communautés. Elles n'hésitent pas cependant à recourir à la loi moderne quand elles estiment, selon les situations, qu'elle défend mieux leurs intérêts.

La privatisation de la terre s'est avéré ne pas être une solution pour la sécurisation de la terre au Tchad. Malgré son institutionnalisation, elle reste toujours marginale. Les résultats actuels de la recherche sur la question foncière permettent de conclure que le titrage et l'enregistrement de la propriété ne constituent pas à eux seuls la solution pour le règlement des conflits fonciers au Tchad. Les expériences montrent qu'ils induisent une dynamique qui engendre de nouveaux problèmes sans résoudre totalement les anciens aussi bien pour l'Etat que pour les paysans. Exemple les nouveaux types de conflits sur les transhumances du bétail qui mettent aux prises éleveurs et agriculteurs. La solution à cette situation est politique. On constate le pourrissement de la situation sans que les pouvoirs politiques agissent comme il se doit. Comme s'il y avait une collusion manifeste. Cette désinvolture est équivoque et propice à toutes les interprétations.

L'insécurité qui caractérise le régime foncier coutumier semble plutôt liée à des interactions croissantes entre ce régime et le droit moderne et l'urbanisation.

L'expérience foncière au Tchad montre aussi que la sécurisation foncière de la brousse et la forêt doit tenir compte de leur spécificité. L'espace de brousse est le lieu où se rencontrent les utilisations paysannes ou pastorales de l'espace et de la végétation naturelle. Sa confiscation affecte nécessairement le groupe.

L'abattage de certaines essences fait disparaître des ressources alimentaires et pharmaceutiques, le gibier se raréfie, etc. En cas d'exploitation, des compensations doivent être apportées à ces populations pour ce manque à gagner. La conception de projets de développement touchant les terres habitées doit réunir les différents acteurs concernés pour éviter la cristallisation des logiques de territorialité potentiellement conflictuelles.

Les compensations, dans le cadre du projet pétrolier, que ce soit au Tchad ou au Cameroun, n'ont pas été à la hauteur. Il faut reconnaître que les sommes reçues sont dérisoires. La civilisation de ces populations est ainsi bousculée. L'effet de l'argent, comme seule véritable mesure de développement à l'occidentale, se constate ici. « L'introduction de la monnaie et du travail salarié, de notre technologie au service d'une économie marchande, le développement de l'agriculture spéculative d'exportation transforment la valeur d'usage de la terre en valeur d'échange et le produit de subsistance en marchandise ; l'impact du droit foncier colonial et la pénétration de notre conception individualiste et privative de la propriété du sol ont plus ou moins sapé, selon les régions, les fondements économiques, sociaux, politiques et culturels des civilisations paysannes[58] »

Nous étudierons ici le droit foncier tchadien tel qu'il existe actuellement avant de nous intéresser à ce que dit la coutume en matière de terres (1). Nous évoquerons le projet pétrolier actuel au Tchad comme exemple de dénaturation des droits coutumiers locaux (2).

[58] Verdier et Rochegude, précité, p 7.

Chapitre 1
Le droit foncier

Par droit foncier, entendons un système de rapports de droit réel –qui porte directement sur une chose- entre les individus et un fonds de terre ou fonds de terrain.

En réalité, ce droit n'a pas une existence en tant que tel. C'est seulement quand on l'envisage sous l'angle de rapports entre la dimension sociale et la dimension physique de l'espace, dans le cadre d'un paradigme mettant nécessairement en cause un statut social et un mode de contrôle de l'espace, un usage de cet espace définissant des catégories particulières[59], que transparaît la notion de droit foncier. On dira même que c'est 'la somme des virtualités réalisées et réalisables de maîtrise et d'utilisation de l'espace'.

Comme nous le savons, le Tchad est une ancienne colonie française. Du coup, nous nous rendrons compte que la France y a instauré la notion de domaine de l'État. Cette notion va permettre à l'État tchadien de se rendre maître exclusif des terres. En outre, ce système français a imposé l'appropriation privée des terres, en instituant l'immatriculation. Ce qui vient perturber la conception sacrale et communautaire de la terre et l'exercice d'une pluralité de droits sur une pluralité d'espaces, caractéristiques fondamentales du droit foncier tchadien.

Avant de poursuivre, essayons de cerner quelques principes du régime foncier.

---

[59] Miliça Cubrilo et Catherine Goislard : *Bibliographie et lexique du foncier en Afrique noire noire*, Karthala, Paris , 1998, p. 21.

I. LES PRINCIPES DU RÉGIME FONCIER EN DROIT POSITIF TCHADIEN

Il s'agira de comprendre la notion de domaine national de l'État.

1. La notion de domaine national de l'Etat

Nous ferons appel à des dispositions du code civil français.

Le Domaine National se compose d'un domaine public et d'un domaine privé. Les personnes morales de droit public subordonnées à l'État et possédant l'autonomie financière, peuvent également posséder un domaine public et un domaine privé[60] »

La loi 67-23 du 22 juillet 1967 fait de l'État le propriétaire exclusif du territoire national ; la loi 67-24 de la même date institue les modalités de la propriété foncière et des droits coutumiers et la loi 67-25 édicte quant à elle les limites des droits fonciers. Ces lois ont reçu chacune un décret d'application. Le décret n°186/PR/1967 pour la première (Loi 67-23) ; le décret n° 187/PR/1967 pour la deuxième (Loi 67-24) et le décret n°188/PR/1967 pour la troisième (loi 67-25).

Pour parler de domaines, il est nécessaire de comprendre la notion de bien. Que renferme ce vocable en droit ?

1.1. Définition

Sans entrer dans la litanie des définitions, disons que le terme « bien » désigne tout droit subjectif patrimonial, c'est-à-dire, qui est dans le commerce juridique, cessible

---

[60] Article 1 de la Loi 67-23.

et prescriptible. C'est aussi toute chose qui est objet de droit réel –qui porte directement sur la chose.

En clair, tout bien est une chose qui sert à l'usage des hommes, donc chose distincte de l'homme lui-même. Mais sans la possibilité d'appropriation, le bien n'existe pas, autrement dit, une chose ne sera jamais un bien. On peut se souvenir de ce que disait Portalis à ce propos. Selon son idée, « les choses ne seraient rien pour le législateur sans l'utilité qu'en tirent les hommes ». Ainsi, l'air par exemple n'est pas un bien suivant les dispositions de l'article 714 du code civil[61].

Un bien consiste en un droit qui peut être évalué en argent. Donc une chose ne devient bien que si elle a une valeur pécuniaire et est susceptible d'appropriation conformément à l'article 544 du code civil[62].

Puisque la colonisation est fille du capitalisme, il faut – suivant la France colonisatrice- forcer les Africains à adopter la notion d'appropriation privée. Ce dernier terme, issu du latin « *ad proprius* », veut dire ce qui appartient en propre, ce qu'on ne partage pas. Il donne en verbe « *appropriare* » qui signifie transmettre dans une lignée ou selon des modalités particulières. C'est pourquoi l'immatriculation –nous y reviendrons- a pour but d'assurer le passage de la matrice capitaliste, puis à gérer l'espace en assurant la sécurité des capitaux investis dans les biens immobiliers.

Il est donc plus facile, pour ce faire, que l'État se rende maître des terres qu'il disposera à sa guise.

---

[61] Article 714 : Il est des choses qui n'appartiennent à personne et dont l'usage est commun à tous.
Des lois de police règlent la manière d'en jouir.

[62] Article 544 : La propriété est le droit de disposer des choses de la manière la plus absolue, pourvu qu'on n'en fasse pas un usage prohibé par les lois ou par les règlements.

1.2. Le domaine public de l'Etat

En principe, le domaine public de l'État désigne la « partie du patrimoine des personnes publiques soumise à un droit très protecteur. Il comprend :

- Le domaine public naturel (rivages de la mer, certains cours d'eau) ;
- le domaine public artificiel (biens très divers affectés à l'usage soit du public, soit des services publics.)

Il est imprescriptible et inaliénable tant qu'il n'a pas fait l'objet d'une mesure de déclassement. Il est régi par le régime de la domanialité publique[63].

1.2.1. Le domaine public naturel

En ce qui concerne le Tchad, la Loi 67-23 du 22 juillet 1967 portant statut des biens domaniaux dispose que « l'ensemble des biens appartenant à l'État prend le nom de Domaine National. » De quoi est composé le domaine public naturel ?

L'article 2 nous énumère les cours d'eau permanents ou non, les lacs, les étangs et sources, dans la limite des plus hautes eaux avant débordement, ainsi qu'une bande de vingt-cinq mètres au-delà de cette limite : les îlots, bancs de sable et atterrissements se formant dans les fleuves ; les nappes d'eau souterraines ; les gîtes minéraux et miniers ; les forêts classées.

En plus de ce domaine public naturel, l'Etat dispose d'un domaine public artificiel.

1.2.2. Le domaine public artificiel

La Loi 67-23 du 22 juillet 1967 portant statut des biens domaniaux détermine le domaine public artificiel. Il comprend, suivant les termes de l'article 3, « les canaux de

---

[63] Lexique des termes juridiques, 12ème édition, Dalloz, Paris , 1991, p. 201

navigation, les conduites d'eau de toute nature, les dispositifs d'évacuation et d'assainissement d'eaux usées, les voies de communication de toute nature : les aérodromes ; les moyens de transmission de toute nature : matériels et immatériels ; les ouvrages de production et de transport d'énergie ; à condition que ces ouvrages ou moyens aient été réalisés ou acquis dans un but d'utilité publique : les dispositifs de protection et fonctionnement de ces ouvrages : les signaux, bornes et repères géodésiques et topographiques.

Le domaine public artificiel comprend, de plus, les ouvrages de défense nationale de toute nature et, éventuellement, leurs zones de protection ; les monuments publics, les collections ou objets d'intérêt collectif appartenant à l'État ou aux personnes de droit public qui lui sont subordonnées.

Il comprend également les biens de toutes sortes que les codes et les lois de l'État déclarent insusceptibles de propriété privée »

Il y a lieu de souligner que le domaine public de l'État n'est pas toujours constitué de biens tels que nous les avons définis plus haut. Que dire des dépendances qui, par nature sont inaliénables, c'est-à-dire, insusceptibles d'appropriation comme le stipule le code civil en son article 544 ? N'allons pas nous égarer dans les méandres de la science juridique, mais remarquons simplement que pour qu'une chose devienne un bien, elle doit avoir une valeur pécuniaire, c'est-à-dire, évaluable en argent, mais qu'elle doit aussi surtout être susceptible d'appropriation privée.

Nous le verrons plus loin, ce flou juridique entoure les droits coutumiers antérieurs qui s'exerçaient sur des terres appartenant à certaines communautés. Même si l'article 4 de la Loi 67-23 reconnaît que « les personnes et les collectivités qui, avant l'adoption de la présente loi, bénéficiaient de droits coutumiers sur le domaine public, continuent à en jouir », il ne faut pas se leurrer.

Cette situation n'est pas près de profiter à ces personnes détentrices de droits coutumiers sur les terres ancestrales. Car la suite de l'article émet une dérogation de taille. Il y est dit que « la puissance publique se réserve le droit de les en priver moyennant indemnité ».

C'est ce qui est arrivé aux populations de la zone pétrolière, comme nous le verrons plus loin.

1.3. Le domaine privé de l'État

Nous venons de voir que le domaine public de l'État est imprescriptible et donc aussi inaliénable. Ce qui n'est pas le cas du domaine privé. Les biens qui relèvent du domaine privé peuvent être aliénés et grevés de droits réels au profit des particuliers, qui peuvent se les approprier par la voie de prescription –acquisition de la propriété d'un meuble ou d'un immeuble par une possession utile exercée pendant une certaine durée.

En effet, du domaine privé, on dit qu'il est constitué des biens de l'État qui ne font pas partie du domaine public. La loi tchadienne dit que « tout bien qui a cessé d'appartenir au domaine public tombe dans le domaine privé[64] ». L'article 8 de la Loi 67-23 stipule que « font partie du domaine privé les biens dont le propriétaire ne peut pas être retrouvé, ainsi que ceux délaissés par leur légitime propriétaire, après, dans les deux cas, procédure régulière de recherche ». Ainsi, une terre laissée par son ancien propriétaire décédé sans successeur par exemple, tombera dans le domaine privé de l'État.

On retrouvera un peu plus loin d'autres éléments constitutifs de ce domaine privé à l'article 9 pour lequel

---

[64] Article 6 de la Loi 67-23

« font également partie du domaine privé les terres inutilisables ou inaccessibles qui sont devenues susceptibles d'utilisation par suite d'un travail public, et notamment les terres gagnées sur les eaux et les périmètres d'irrigation, sous réserve de l'éventuelle purge des droits coutumiers ». Cette vision purement mercantile de la terre, va perturber les mécanismes traditionnels de gestion de la terre par les pouvoirs coutumiers.

Comme le dit un auteur, « au nom du droit de conquête puis de l'intérêt général, le colonisateur a mis en place le régime domanial qui a intégré dans le domaine privé les terres occupées sans titre, les terres non appropriées par voie d'immatriculation, les 'terres vacantes et sans maître', qui aboutit au monopole foncier de l'État, reconduit par la plupart des États africains.[65] »

L'État, pour se rendre maître des terres, se donne une loi. Les droits coutumiers antérieurs ne représentent rien à ses yeux. Ces droits confèrent juste le titre de possesseurs ; or en matière d'immeuble –au regard du droit français- la possession ne vaut pas titre.

Il sera intéressant d'approfondir notre étude en cherchant à comprendre comment s'acquiert la terre au Tchad.

II. De la possession à la propriété privée des terrains

Possession et propriété ne veulent pas dire la même chose en droit, même si, dans le langage courant, les deux termes semblent vouloir exprimer une synonymie.

---

[65] Cubrilo, M. précité

1. La possession

Le dictionnaire de droit nous apprend qu'il faut entendre par possession toute « prérogative de fait exercée sur une chose matérielle, qui consiste à se comporter comme si l'on était titulaire du droit de propriété sur la chose. Dans certaines conditions, la possession peut conduire à l'acquisition du droit de propriété.

Pour qu'il y ait possession, il faut réunir deux conditions : le corpus et l'animus.

1- Le premier est un acte palpable ; il suppose que le possesseur doit exercer des actes sur la chose. Si c'est une terre, il devrait construire, l'aménager ou la cultiver. C'est le cas de la plupart des terrains occupés suivant les droits coutumiers.

2- L'animus traduit plutôt un élément psychologique, immatériel. C'est le comportement même du possesseur vis-à-vis de la chose, qui doit le faire passer pour le véritable titulaire du droit de propriété.

N'oublions pas que la possession peut aboutir à l'appropriation privée par la voie de prescription. Il suffit qu'elle ait été utile (usage normal et régulier), paisible (sans tierce opposition), publique et non équivoque (en vrai propriétaire).

Nous l'avons dit, aux yeux du colonisateur, le fait que les populations habitent sur des terrains et en fassent usage régulier, utile et paisible et non-équivoque ne leur donne pas le titre de propriété. C'est juste une possession. Cette dernière ne confère pas tous les droits réels rattachés à la propriété.

Pour garantir les droits des investisseurs, il a été décidé de procéder à l'immatriculation des terres qui, seule, peut concéder des droits sur celles-ci, car « toute terre non immatriculée est réputée vacante et sans maître », nous avertit l'article 13 de la Loi 67-24 du 22 juillet 1967.

Nous avons vu que la terre ne peut être aliénée comme un simple bien ordinaire en droit coutumier. Les gens ont conscience que les terres qu'ils occupent leur ont été léguées par les dieux et les ancêtres. Ils ont sur elles des droits naturels qui seraient supérieurs au droit moderne allochtone. Comme le remarque E. Le Roy, « les rapports sociaux (…) étant déterminés par le caractère interne ou externe de ces relations, le critère de référence étant le facteur que l'on partage (en commun) et qui détermine fonctionnellement l'inclusion ou l'exclusion des membres de ce groupe[66] »

C'est l'immatriculation qui va conférer le titre de propriété.

2. La propriété

Le code civil français nous apprend que la propriété « est le droit de jouir et de disposer des choses de la façon la plus absolue, pourvu qu'on n'en fasse pas un usage prohibé par les lois ou par les règlements [67]»

Au Tchad, c'est l'immatriculation qui peut conférer ce droit. L'immatriculation suppose la «définition topographique de l'immeuble qui doit être l'objet, constatation des droits réels dont il est grevé, inscription dans un recueil spécial dit « livre foncier » et remise au propriétaire d'un immeuble d'un titre définitif et inattaquable qui constitue le point de départ unique de toutes les mutations et droits ultérieurs[68] »

Ainsi, la loi 67-24 du 22 juillet 1967 sur le régime de la propriété foncière et des droits coutumiers dispose que « la propriété foncière se constate par la procédure d'immatriculation.

---

[66] E. Le Roy, 1996, pp.63-64.

[67] Article 544 précité.

[68] Miliça Cubrilo précité, p. 102

Cette procédure consiste dans l'établissement et l'enregistrement d'un titre de propriété appelé titre foncier. »

Par cette opération, on peut se rendre propriétaire des terres, car le cadastre délivre à cet effet un titre foncier définitif et inattaquable[69]. En poursuivant, nous notons qu' « il forme, le cas échéant, devant toutes les juridictions, le point de départ unique des droits existants sur l'immeuble au moment de l'immatriculation ...»

Il est fait mention de la primauté du droit positif sur les droits coutumiers qui s'exercent sur les terres ; car l'État peut immatriculer à son nom les terres vacantes et sans maître. Le critère fondamental est la mise en valeur de la terre dont l'absence pourrait justifier cette appropriation par l'État.

L'article 15 de la loi 67-24 prévoit que « lorsqu'il existe sur ces terres des droits coutumiers n'entraînant pas mise en valeur, l'État peut après les avoir fait constater :

- Soit les supprimer en tant que droits réels frappant son titre ;
- Soit les supprimer en indemnisant les titulaires ;
- Soit proposer aux titulaires d'autres droits équivalents. »

À défaut de mise en valeur au cours d'une période de dix ans, la prescription des droits coutumiers peut être faite par l'État.

C'est donc l'immatriculation qui donnera aux anciens possesseurs des droits réels sur leurs terrains. Nous savons que le droit de propriété a trois prérogatives essentielles que le possesseur ne pourrait avoir du fait de la possession. Il s'agit de l'usus ou le droit de se servir de la chose ; le fructus ou le droit d'en percevoir les fruits (fruits naturels tels que récoltes ou fruits civils tels que

[69] Article 7 de la loi 67-24 du 22 juillet 1967 portant sur le régime de la propriété foncière et des droits coutumiers.

loyers) ; il y a enfin l'abusus qui permet au propriétaire d'aliéner sa chose.

En clair, il y a lieu de noter que les dispositions intervenues en matière foncière depuis 1967 n'apportent pas de changement notable. On voit que la législation tchadienne se borne à marquer de ses empreintes les lois héritées de la colonisation. Ainsi, la population ne sait plus à quel saint se vouer. Faut-il se fier à la coutume ou au droit moderne ? La coexistence des deux types de droits pose problème. C'est ici que nous pouvons noter que l'exubérance de la production juridique en Afrique n'est pas orchestrée par un corps de normes de droit cohérent permettant de proposer une règle du jeu acceptée par la plupart des acteurs comme le moins mauvais système de régulation des conflits et des relations sociales[70]. Selon un auteur, « l'Etat colonial a prolongé et surtout amplifié l'œuvre d'implantation d'un droit étatique mais sans jamais parvenir à briser, malgré ses prétentions, les autres systèmes juridiques[71] » Or on se rend compte que le droit coutumier en matière foncière est presque inexistant de nos jours.

Il affirme que « si nous pensons aux terreaux dont sont issus les droits africains contemporains, il soit possible de considérer comme émergeant du néant ces parties du droit qui tombèrent sur l'Afrique comme des météores venus d'autres planètes pendant la période coloniale et qui continuent à la cribler aujourd'hui par la grâce du Fonds Monétaire International, de l'Union européenne ou encore de ce Dieu, aussi mal défini que l'autre, que l'on convient

[70] Vanderlinden, Jacques : A propos de la création du droit en Afrique. Regards d'un absent. In La création du droit en Afrique, Sous la direction de Darbon, D et Du Bois de Gaudusson,J. : Karthala, Paris, 1997, p. 36

[71] Ibid. p. 37

d'appeler la communauté internationale. Mais est-il besoin de le souligner, ce droit est-il créé en Afrique ? Certes non. Il y est transplanté, reçu et s'intègre donc en principe aux droits africains, dont il constitue l'une des composantes… il en va de même pour ces réformes monétaires ou financières imposées au nom de l'ajustement structurel par ceux-là même qui ont accepté pendant des décennies réputées « du développement » de voir l'Afrique s'enfoncer chaque jour davantage dans le sous-développement. Ou encore ces droits de l'homme, devenus la condition sine qua non d'une assistance économique, après qu'on ait permis, toujours pendant des décennies, la répression des oppositions et le pillage du continent au seul bénéfice de ses élites sous l'alibi d'un principe contraire : pas d'aide sous conditions.

Il y avait également le principe de la civilisation à apporter aux Africains. Mais si l'on veut que l'Afrique ait une place dans la mondialisation, il faut une décolonisation de la mentalité des Africains qui doivent faire appel à leurs droits autochtones[72]. »

Nous considérons que la colonisation n'a pas été juste en tout et surtout en matière foncière. Mais le Tchad, empêtré dans ses dissensions politiques depuis l'indépendance, n'a pas pu mettre en place un système juridique cohérent qui prenne en compte les aspirations des populations. Les problèmes suscités par les enjeux politiques sont loin de laisser la possibilité de résoudre la question complexe de mise en place d'un droit cohérent. On le remarque avec le projet de code des familles qui traîne. Cependant, il ne faut pas considérer que cela est impossible et sombrer dans la fatalité. Une bonne volonté politique pourrait aider à cela.

---

[72] Ibid. p. 11

Le processus de décentralisation actuel n'y apporte pas de changement non plus. C'est le statu quo ante qui prévaut. Car les collectivités administratives décentralisées n'ont qu'à mettre en œuvre ce qui a été édicté par le législateur. Tant qu'il n'y aura pas harmonie juridique, le développement, tel que nous le poursuivons n'aura pas lieu. D'ailleurs comment l'imaginer si chacun est tiraillé entre les diverses règles qui s'appliquent –parfois contradictoirement- à lui ? Des abus sont légion, comme dans le cas de l'expropriation/déguerpissement sur les champs pétrolifères, comme nous allons le constater dans les lignes qui suivent.

Chapitre 2
L'exemple du projet pétrolier

Des exemples ne manquent pas, pour illustrer la contradiction entre droits coutumiers et droit moderne. On peut évoquer le cas des pasteurs qui ne respectent plus les couloirs de transhumance et laissent paître leurs troupeaux dans les champs des paysans. Pour quoi cette pratique ? Est-ce parce que la terre appartient à l'État, donc n'appartient à personne ? Est-ce parce qu'elle n'a pas été immatriculée par ses possesseurs ?

Ce dédale de systèmes juridiques enchevêtrés et opposés survit à l'avantage du retard du développement. Le développement ne peut être qu'économique. Il a besoin, pour se faire de reposer sur un système juridique solide, harmonieux et unique, à la limite. A ce rythme, la part des Tchadiens qui en tirent parti est quasi nulle. Et parler de développement dans ces conditions ?

Par exemple à N'Djamena où les terrains sont devenus si chers, on peut encore être déguerpi parce qu'on a construit sur un terrain non cadastré qui tombe dans le domaine de l'État. Ce dernier brandira l'utilité publique pour remettre des centaines de personnes dans la nature. Ces personnes doivent se remettre à économiser à nouveau pour refaire la même chose. Quand on sait ce que cela représente au Tchad !

Pour revenir au projet pétrolier du sud du Tchad, nous allons nous rendre compte que l'enchevêtrement des droits a permis l'éviction des personnes –possesseurs ou propriétaires des terres contre compensations. Dans le cadre de ce projet, la Banque Mondiale, principal partenaire, a accordé un financement de quelque 3,8 milliards de dollars[73].

Nous verrons que les terrains nécessaires au développement des champs pétrolifères vont être appropriés suivant la convention du consortium et le code pétrolier, pour une durée approximative de 28 ans- durée de l'exploitation du pétrole tchadien.

I. L'OCCUPATION DES TERRAINS PAR LE CONSORTIUM

Nous analyserons d'abord la première phase de négociation et d'occupation des terrains avant de rappeler les droits coutumiers qui s'y greffaient.

1. La phase de négociation et d'occupation des terrains

Les sociétés chargées d'exploiter le pétrole ont fait des négociations avec le gouvernement tchadien pour obtenir le droit de d'exploiter les terrains sur lesquels vont se faire les installations pour l'exploitation. Ces négociations se sont faites suivant les dispositions du code pétrolier.

Selon le document « Projet d'exportation tchadien » paru en mai 1999, « l'opérateur du Consortium EEPCI, a soumis le dossier de « Déclaration d'occupation des terrains » pour les installations de surface et d'infrastructures associées au Ministre des Mines en octobre 1998, conformément aux dispositions. Une déclaration est requise au moins deux mois avant la date à laquelle les occupations de terrains pour une période de plus de six mois sont nécessaires. EEPCI a négocié avec les titulaires des titres fonciers ou des droits coutumiers

[73] Le 6 juin 2000, la Banque Mondiale accorde la caution et son aval financier pour l'exécution du projet d'exportation tchadien. C'est un soutien aux efforts de développement du Tchad, car estime-t-elle, cela permettra de combattre la pauvreté dans ce pays.

pour obtenir un accord à l'amiable sur la compensation qui leur est due pour l'utilisation de leurs terrains dans la zone pétrolifère. De la même manière, EEPCI négociera avec les titulaires avant et pendant le forage de développement. Lorsque les parties se seront mises d'accord, l'Etat prendra un arrêté autorisant l'occupation des terrains nécessaires au projet.

… Si les parties ne peuvent s'entendre à l'amiable, le ministre des mines peut prendre un arrêté autorisant l'utilisation des terrains, après avoir permis aux bénéficiaires du titre foncier ou du droit coutumier de présenter leurs réclamations.

… si les procédures qui déterminent les droits et les compensations n'ont pas été conclues dans les six mois suivant la publication du décret autorisant l'occupation, le ministre des mines peut dispenser le consortium des formalités en payant, à un commissaire aux comptes, un montant estimé de compensation déterminée par les autorités administratives.

La compensation sera calculée de la manière suivante :

- Si l'occupation n'est que temporaire et que les terrains puissent être cultivés au bout d'un an dans les mêmes conditions qu'auparavant, la compensation sera, au minimum, le rendement annuel net des terres.
- Dans les autres cas, on estimera la compensation à la valeur au moins équivalente à la valeur du terrain avant occupation.

EEPCI paiera toutes les compensations requises pour l'utilisation de terrains nécessités pour le développement des champs pétroliers[74].

La phase de négociations sur les terrains peut se faire à l'amiable ou de fait par le gouvernement tchadien. On évoquera pour ce faire la loi 67-23 qui fait de l'État le propriétaire exclusif des terres.

---

[74] Chad CRP Fr.05.05.99. doc

Ainsi, comme l'occupation des terrains est régie par la convention et le code pétrolier, le gouvernement tchadien va exproprier au profit du consortium, les terres qui sont nécessaires à la construction, à l'exploitation et à l'entretien du système de transport du brut. L'État tchadien, par une gymnastique politico-juridique rattachera ces terres à son domaine privé. Dans ces conditions, les « possesseurs » des terres n'ont plus aucun mot à dire. C'est désormais l'État tchadien qui disposera des terrains qu'il pourra affecter au consortium pour l'exploitation.

Une enquête d'une durée de deux mois a été enclenchée. A la suite, le gouvernement a pris un décret d'utilité publique (DUP). L'objectif de ce décret consiste à fixer les parcelles à exproprier, procéder à l'expropriation et supprimer les droits coutumiers qui greffaient les terrains ainsi expropriés. Mais avant cela, le décret prononce la Déclaration d'Utilité Publique.

Même s'il est prévu qu'en cas de non-entente sur le montant de la compensation, l'une des parties pourrait saisir une juridiction, le fait est que la DUP l'a emporté sur le reste sans laisser la possibilité d'intenter une action quelconque. Les décrets peuvent être attaqués devant la Cour Suprême s'ils sont entachés d'excès de pouvoir. Nous voyons ici que le droit de propriété qui s'exerce sur les terres expropriées est garanti par la constitution. Il est rare des cas où des citoyens tchadiens attaquent leurs autorités en justice. Les raisons sont que la plupart du temps, ils ont peur des représailles ou de l'intimidation. L'autre raison aussi est qu'ils ne connaissent pas le droit applicable.

L'arrêté 4310/MFE/DEDTCFC/98 requiert deux mois au moins de diffusion aux personnes sur le point d'être expropriées par le projet et leur permettre d'exprimer et de faire valoir leurs doléances. Mais l'arrêté a été publié après le déclenchement des expropriations. Que dit cet arrêté en réalité ?

Il prévoit la diffusion dans l'ensemble du pays surtout dans la zone pétrolière, le respect des délais et des voies de recours aux populations, une compensation juste des personnes expropriées, etc. Ce qui n'a pas été le cas. Une fois de plus, on ne s'est pas plaint devant une instance juridictionnelle. Si les gens avaient une connaissance suffisante du droit qui les régit, ils auraient agi en conséquence. Mais l'arbitraire et la violence dont font usage fréquemment les autorités confinent les gens au silence.

Nous nous retrouverons dans une situation ambiguë, où l'on ne sait pas exactement quel droit invoquer.

La directive D.4.20 concernant les peuples indigènes, oblige à prendre en compte l'avis des autochtones et de leurs représentants. Mais on se rend compte que cela n'a pas été le cas.

2. Conséquence au regard du droit coutumier

Selon le document du consortium précité, les droits coutumiers des populations qui sont visées par l'exploitation pétrolière sont voisins. Ainsi, Ngambay, Mbay, Lakka ou Kabba sont assimilés au groupe sara dont les règles foncières se ressemblent. Du coup, on sait que les délimitations des villages sont le village lui-même, les champs cultivables et ceux qui sont mis en jachère et la brousse exploitée régulièrement. Celle qui n'est pas exploitée est considérée comme res nullius.

La gestion de la question foncière se fait par un conseil de village. C'est lui qui peut accepter ou non l'implantation de tout nouvel arrivé. Cela peut aussi valoir pour le consortium. Si le conseil de village le juge socialement inacceptable, il peut s'opposer à son installation.

Mais ces droits coutumiers sont simplement piétinés. La société civile –qui seule mène des actions pour le respect des droits des citoyens- estime que « les textes sur l'expropriation ont accordé plus de droits que de devoirs au consortium aux dépens des populations. » On peut alléguer que « le caractère supranational de certains textes fait peser de sérieux doutes sur la garantie des droits des populations des zones d'exploitation[75] .»

Il se peut que la brousse ou les terres expropriées abritent des arbres fruitiers, comme le montre le tableau ci-dessous[76] :

Espèce	**Quantité de fruits/an**	**Prix d'un kg**	**Durée de la production**	**Coût en FCFA**
Oranger	70	200	15	210000
Mandarinier	43	300	15	193 000
Pamplemoussier	93	50	15	69 750
Citronnier	90	75	12	81 000
Papayer	45	150	6	40 500
Goyavier	80	120	15	144 000

Il ressort de ce tableau que les paysans ont été indemnisés pour la perte de leurs arbres fruitiers. Les montants peuvent paraître élevés dans la mesure où les gens reçoivent d'un coup un grosse somme d'argent. La réalité est bien autre. Les indemnisations concernent aussi d'autres espèces d'arbres non fruitiers, qui sont utiles pour les populations, comme nous le montre cette étude.

[75] On peut avoir une foule d'informations sur ce sujet sur le site www.reseauvoltaire.net

[76] Djeralar Miankeol et Jean Ngamine, Etude sur les mesures de compensation et d'indemnisation, Septembre 1999.

Il y a également le cas des arbres sacrés et protégés. Tant que le projet passera par là, les structures socio-culturelles seront mises à mal. La dimension socioculturelle n'est pas prise en compte, car selon certaines sources[77], il y a des localités qui souffrent du passage du projet pétrolier. Ainsi, à Ngalaba, le site d'initiation actuellement devenu l'un des champs de travail a été indemnisé à un montant de 35000 francs versés à une seule personne. A Bero, un autre site d'initiation a été indemnisé à 100000 francs versés au chef de canton.

Des champs d'initiation qui se trouvent sur le passage du pipeline sont simplement rasés. Or, ces lieux sont sacrés et ne peuvent faire l'objet de déplacement aussi facilement sans créer des problèmes sociaux. Par exemple, cela pourrait représenter un risque réel pour certaines catégories sociales telles que les femmes ou les enfants qui n'y ont accès qu'à certaines conditions.

Ces exemples ne sont pas exhaustifs, mais reproduits à l'ensemble des villages, ils traduisent clairement les problèmes que vont subir les populations des zones du pétrole.

Le pipeline qui va acheminer le pétrole brut jusqu'au port camerounais de Kribi s'étale sur plus de 1050 km. Ces zones sont habitées.

Comparé à l'introduction du coton ou du riz, le projet pétrolier bouscule beaucoup trop l'équilibre socio-culturel local.

Nous pouvons ajouter aussi que le fait que les populations n'aient pas été préparées à gérer cet argent, les effets désastreux sont immédiats. Cela a contribué à engendrer une inflation hors du commun : les prix des denrées alimentaires ont plus que doublé ; les acteurs économiques locaux ont très peu profité des opportunités

---

[77] Ibid.

d'affaires –ils ne seraient pas compétitifs ; les compensations communautaires versées dans la zone n'ont pas eu d'impact économique, la population n'étant pas préparée à les gérer. Il y a même des cas de dépravation des mœurs. Ainsi, les agents de David Terrassement paient 5000 francs à une fille pour une nuitée et ceux de Subsahara le double, nous rapporte une étude[78].

Du coup, beaucoup de personnes semblent sensibles à la manne pétrolière et délaissent les activités traditionnelles d'agriculture et d'élevage. Or le projet est censé prendre fin dans bientôt. Voilà un autre problème socio-culturel à retardement qui risque d'exploser un jour.

Même s'il y a de l'argent, le problème social n'est pas résolu. Cette indemnisation est dérisoire au regard du patrimoine culturel ainsi bradé au profit du projet pétrolier.

Nous pouvons dire avec John Ah Kit, que « pour les peuples autochtones, la terre ne se réduit pas à un bien à valeur économique, ni même à un lieu où habiter. La relation qu'ils entretiennent avec les terres traditionnelles est essentielle. C'est de cette relation qu'ils tirent leur culture, leurs lois, leurs droits et leurs responsabilités. C'est d'elle que proviennent leur langue, leurs sites sacrés, leurs totems et leurs systèmes de parenté ».

La protection des terres est une obligation pour ces populations. Mais comment faire ?

Ce que nous inspire cet exemple, c'est que personne ne peut ignorer que les hommes ne s'impliqueront dans le processus de développement économique de leurs terres que s'ils sont en mesure d'en assurer le contrôle et tirer les

78 Djeralar Miankeol et Jean Ngamine : Etude sur les mesures de compensation et d'indemnisation : évaluation des montants des arbres.constats-suggestions. On peut consulter cette études sur www.pipelinewatch.org.

bénéfices inhérents à ce développement. Au cas contraire, le développement ne se fera pas. Si les hommes se sentent rejetés de leur milieu par un projet de ce type, il va de soi qu'ils ne lui accordent que peu d'intérêt.

Ils ont beau avoir de l'argent, mais ils ne sont plus eux-mêmes ; ils sont devenus une espèce différente, errant sans attache. C'est le risque qu'ils encourent.

II. Dénaturation des droits coutumiers

L'évolution de la problématique foncière fait apparaître des effets pervers du projet pétrolier sur la population autochtone.

On s'aperçoit que ces facteurs politiques, socio-économiques et environnementaux provoquent de manière directe ou indirecte une pression sur les ressources ou accélèrent la précarité de la vie des populations et pourraient avoir une influence sur la recrudescence des conflits fonciers.

Cependant avec la bonne volonté, certaines activités prioritaires pourraient figurer dans des programmes à long terme d'aménagement des territoires nationaux. Le pays gagnerait en laissant l'initiative à la population et à la société civile dans les domaines où elles ont une meilleure efficacité.

La politique de gestion des terroirs et la réforme agraire selon les situations sont les principales voies proposées pour la prévention des conflits fonciers au Tchad[79].

Dans cette situation où la propriété des terres n'est qu'un simple démembrement du droit éminent de l'État, il ne faut pas se leurrer sur des droits hypothétiques qui appartiendraient encore aux populations autochtones. A propos des indemnisations, une députée française l'a noté :

---

[79] Rapport du colloque sur le droit foncier et la décentralisation du 8 au 10 octobre 2002 à Berne.

«des représentants des paysans estiment que l'indemnisation est insuffisante. Au Tchad et au Cameroun, je vous assure que le montant de l'indemnisation est dérisoire. Mais du côté du groupe pétrolier, on nous dit que c'est la première fois qu'il indemnise les gens. Nous leur avons fait comprendre que ce n'est pas la charité, c'est un droit[80].... »

Si ailleurs les pétroliers n'indemnisent pas les ayants droits, cela est une injustice ; si au Tchad ils ne le font pas de manière équitable, cela laisse à croire que le respect des droits –économiques- des populations ne représente pas grand chose à leurs yeux.

Certains auteurs prédisent même la disparition des droits africains. C'est le cas de Gonidec pour qui « en admettant que le droit traditionnel soit condamné, le droit réel effectivement appliqué, est-il le droit moderne ? La tradition n'offre-t-elle pas parfois une force de résistance qui condamne le droit « officiel » à n'être qu'un droit théorique ?[81] ». Or, il est plutôt question de trouver le juste milieu. Le cas du déguerpissement pour cause de l'exploitation pétrolière est illustratif. Les problèmes que suscite ce type de projet remettent à l'ordre du jour des questions épineuses laissées entières par un système juridique inadapté.

La question est complexe au fond. Car il n'est pas question de saborder un type de droit au profit de l'autre comme il se fait malheureusement maintenant, mais de faire cohabiter, dans l'intérêt de tous, ces catégories de droits dans un ensemble cohérent.

Cette démarche est résumée par le Laboratoire d'Anthropologie juridique en ces termes : « parler de droit

---

[80] Marie-Helène Aubert, Députée française des Verts de Eure-et-Loire, le 25 juillet 2000. www.afrik.com/journal/dossier-9003-10.htm

[81] Gonidec, P-F , *Les droits africains, évolution et sources*, LGDJ, Paris, 1968, p.101.

ou du droit n'a de sens qu'en référence à un système de valeurs et de normes propre à une culture donnée. Dans un grand nombre de sociétés de tradition orale, le droit n'est pas un système particulier de règles, de procédures et d'institutions constituant un domaine à part de la réalité sociale.

Parler de droit ou du droit n'a de sens qu'en référence à une organisation sociopolitique dont il est partie intégrante et c'est dans ses rapports avec cette organisation qu'il peut être défini comme système ou sous système.

Enfin, parler de droit ou du droit n'a de sens qu'en référence à son absence ou à sa négation. Il n'est pas partout et il n'existe que là où l'on peut l'ignorer et le transgresser. Absence de droit et négation du droit figurent les deux bornes d'amont et d'aval que lui assignent son domaine et ses limites. À l'ombre du droit, se profilent la sanction et sa face cachée, la sanction[82]. »

On a vu que les droits coutumiers permettaient le respect intégral de ce qui est établi, surtout en matière de terres. Ces droits étaient acceptés par tous les membres d'une communauté donnée. La cohabitation était paisible. Chacun en référait aux autorités traditionnelles ; la résolution des conflits était sans équivoque. Le conseil de village qui tranchait les affaires avait compétence dans ce dessein. Le besoin de justice était assouvi.

L'imposition du droit moderne vient bousculer cette organisation sociale. Désormais, c'est lui qui est censé régir les rapports entre personnes de différentes cultures. Mais ces personnes n'en savent précisément pas grand-chose ; c'est ici le drame.

---

[82] On peut trouver les éléments enrichissants du LAJP sur le site www.u-paris10.fr/gdr1178/revuedc.htm

Conclusion

Au regard de cette étude, culture et développement sont imbriqués. Rechercher l'un en omettant les autres équivaudrait à aller à l'échec.

Les pays africains ne révolutionnent pas en la matière. La plupart du temps, ils essaient de transposer sur leurs terres des systèmes juridiques qu'ils ont hérités de la colonisation. Le cas du Tchad, où la population est en grande majorité analphabète et où il y a différents peuples, nous montre que ces personnes considèrent le système juridique français comme structurellement étranger et inique. C'est une sorte de greffon, qui n'a pas sa place dans le pays. C'est pourquoi le développement économique à l'occidentale que l'on poursuit reste un vaste bluff.

Pourtant, il est possible d'imaginer un développement qui prenne en compte les éléments de culture locale au lieu de s'enfoncer dans la mauvaise direction prise depuis les indépendances.

La multiplicité des coutumes est un obstacle à l'unité juridique du pays. Il est vrai que parvenir à harmoniser les divers droits coutumiers locaux semble une tâche difficile. Par contre, elle n'est pas impossible. On l'a vu avec le projet de code de famille. Si les difficultés liées à la diversité des coutumes peuvent être invoquées pour expliquer cet échec, il faut plutôt y voir des problèmes politiques. Les différentes coutumes tchadiennes se recoupent.

C'est pourquoi, une préparation préalable de la population –système éducatif expliquant aux populations ce que devrait être un État, comment le faire fonctionner, quelles en seraient les règles, etc.- est nécessaire. On n'est pas obligé de faire un État comme en France, où une civilisation de plusieurs siècles a permis aux populations de comprendre l'idée de l'État et d'adhérer à ses règles de fonctionnement.

On a pensé que le foncier pouvait être la toile des dynamiques de développement, car bien organisé, il devrait être le socle pour attirer les capitaux et les investissements, pour assurer les garanties hypothécaires[83] aux investisseurs. L'imposition de la mise en valeur faite par l'État a pour but d'amorcer le développement tout comme l'immatriculation des terres doit accélérer l'appropriation privée –dans un système où la propriété n'a pas le même sens que celui que l'on tient de l'Occident- idoine aux opérations de développement. Or, « la terminologie juridique et les classifications occidentales modernes (droit personnel/droit réel – droit privé/droit public – droit individuel/droit collectif...) sont inadéquates à saisir les rapports qui, dans les civilisations agraires traditionnelles d'Afrique noire, lient l'homme à la terre, unissent les gens d'un même terroir, les habitants d'un même territoire[84] »

Mais la superposition des droits engendre une insécurité –méfiance et incertitude des investisseurs privés sur l'issue d'une procédure à laquelle ils pourraient être partie, vu l'obsolescence des textes et leur mauvaise mise en application. Il n'existe aucune perspective de consensus sur les instances qui règleraient les différends y afférents et le corps de normes juridiques à appliquer. C'est pourquoi « le développement ne se fera pas sans une organisation foncière appropriée aux formes sociales de production[85] ». Parvenir à intégrer les us et coutumes locaux dans un droit tchadien –forme adaptée du droit

[83] Cas des crédits et micro-crédits où il est exigé un titre de propriété comme gage de remboursement.
[84] Verdier, R. et Rochegude, A. précité p. 5
[85] Cubrilo, M. précité p. 21.

moderne français-, par un travail approfondi de la question, pourrait permettre d'atténuer les effets pervers que nous avons relevés dans notre étude.

Le développement d'un pays dépend de sa capacité à entretenir la croissance, sous l'emprise d'un cadre juridique qui prenne en compte les aspirations de la population locale. Dans le cas contraire, celle-ci aura tendance à considérer ce développement comme une imposition et essayera de s'y soustraire. C'est ce qui se passe au Tchad, comme dans nombre de pays africains. L'enjeu est important. Depuis l'indépendance, le pays est plongé dans une contradiction juridique qui induit une inertie dans toute action de développement –en termes de recherche du bien-être des populations tchadiennes.

On n'est pas obligé de faire du « développement » comme le suggère Huntington, en recopiant tel quel le modèle occidental. Dans son « Choc des civilisations », cet auteur affirme que « la civilisation occidentale est à la fois occidentale et moderne. Les civilisations non-occidentales ont essayé de devenir modernes sans devenir occidentales. À ce jour, seul le Japon a pleinement réussi dans cette entreprise[86] ». Que dire du cas de la Chine ?

Aussi paradoxal que cela puisse paraître, ceux qui ont institué ce système hybride semblent s'étonner de son échec. Tchadiens et anciens colonisateurs devraient créer au Tchad un terreau où poussera un droit tchadien unique, dans lequel les Tchadiens pourraient se reconnaître. Car le capital seul ne résout pas le problème de développement.

Le recopiage aveugle du système occidental ne nous mènera nulle part. On s'aperçoit de cette bévue, une fois de plus, avec le découpage administratif dans le cadre de la décentralisation actuelle. Même si la décentralisation a pour but de faire participer les populations aux actions de

---

[86] Huntington, SP. Extrait de Commentaire n°66 été 1994 pp 238 à 252.

développement de leur terroir, donc à la prise en main de leur propre destin, le cynisme qui a prévalu à sa mise en chantier n'a d'égal que son manque de préparation. Dans la précipitation, le découpage s'est fait sans tenir compte des réalités sociales, anthropologiques ou culturelles des différentes régions. On risque de passer du temps à gérer des conflits engendrés par ce découpage, en laissant de côté, une fois de plus, le bien-être de la population, véritable objectif du développement.

Bibliographie

A. Ouvrages

1- **Alexandre Pierre,** *Les Africains : initiation à une longue histoire et à de vieilles civilisations de l'aube de l'humanité au début de la colonisation*, Lidis, Paris, 1981, 607 p.

2- **Ali, A. M. M. Shawkat**, *Agriculural Credit in Bangladesh* (1883-1986). - CDRB, Dhaka, 1990, 140 p

3- **Atias, C.** , *Droit civil : les biens*, 5ème édition, LITEC, Paris : 2000, 461 p.

4- **Atias, C.** , *Un droit inviolable : la propriété*, ADEF (association des études foncières), Paris, 1989, 360 p.

5- **Bachelet, M.** , *Systèmes fonciers et réformes agraires en Afrique Noire*, LGDJ, Paris , 1968, 677 p.

6- **Blanc-Pamard, C. et Cambrézy**, **L.** , *Terre, terroir, territoire. Les tensions foncières*, ORSTOM, Paris , 1995, 472 p.

7- **Cabot, J. et Bouquet, Ch.,** *Le Tchad*, PUF, Paris, 1978, 127 p.

8- **Carbonnier, Jean**, *Droit civil : introduction*, PUF, Coll. Thémis, Paris, 1996, 356 p

9- **Code civil,** 102ème édition, Dalloz, Paris , 2003, 2139.

10- **Comby, J. et Renard, V**. *Les politiques foncières* , PUF (Que sais-je), Paris , 1996, 128 p.

11- **Conac, G.** , *Dynamiques et finalités des droits africains*, Economica, Paris, 1980, 509 p.

12- **Cubrilo, M. et Goislard, C.** , *Bibliographie et lexique du foncier en Afrique Noire*, Karthala, Paris , 1998, 415 p.

13- **Darbon, D. et Du Bois de Gaudusson, J.** , *La création du droit en Afrique*, Karthala, Paris, 1997, 496 p.

14- **Durand, C.**, *Aperçus sur les droits coutumiers du Tchad*, Université du Tchad, Fort-Lamy, 1970, 215 p.

15- **Fontaine, M., Cavalerie, R. et Hassenforder, J.-A.,** *Dictionnaire de droit*, Foucher, Paris , 1996, 406 p.

16- **Gaba, L.**, *l'Etat de droit, la démocratie et le développement économique en Afrique subsaharienne*, L'Harmattan, Paris, 2000, 400 p.

17- **Gallardo, Joselito et al.**, *A commercial bank's microfinance program: the case of Hatton National Bank in Sri Lanka,* World Bank, Washington, 1997, 34 p.

18- **Ghestin, J. et Goubeaux, G.** , *Traité de droit civil : introduction générale. 3ème édition*, LGDJ, Paris , 1990, 821 p.

19- **Ghestin, J. et Goubeaux, G.** , *Traité de droit civil : introduction générale. 4ème édition*, LGDJ, Paris, 1994, 891 p.

20- **Gonidec,P-F.,** *La république du Tchad,* Berger-Levrault, Paris, 1971, 78 p.

21- **Gonidec, P-F.**, *les droits africains, évolution et sources*, LGDJ, Paris, 1968, 278 p.

22- **Goual Nanassoum** : *300 dates de l'histoire du Tchad*, N'djamena, CEFOD

23- **Hamon, F.** , *Droit constitutionnel,* 27ème édition, LGDJ, Paris , 921 p.

24- **Huntington S. P.**, *Le choc des civilisations, traduit de l'anglais (Etats Unis)* par J-L Fidel… et al., Odile Jacob, Paris, 1997, 402 p.

25- **Ibrahima Bakhoum et al.,** *Banking the unbankable : bringing credit to the poor*, Panos, London, 1989, 210 p.

26- **Kéba Mbaye** : *le régime des terres au Sénégal,* GP Maisonneuve et Larose, Paris, 1971. 341 p.

27- **Kouassigan, G.A.** , *L'homme et la terre*, ORSTOM, Paris , 1966, 283 p.

28- **Le Cornec, J.,** *histoire politique du Tchad de 1900 à 1962*, Paris, LGDJ, 1963,

29- **Le Cornec, J.**, *les milles et un Tchad*, l'Harmattan, Paris, 2003, 609 p.

30- **Lexique des termes juridiques**, 12ème édition, Paris , Dalloz, 2002, 561 p.

31- **Ley, A.** , *Le régime domanial et foncier et le développement économique de la Côte d'Ivoire*, LGDJ, Paris, 1972, 746 p.

32- **Malinvaud, P. et Jestaz, P.** , *Droit de la promotion immobilière, 6ème édition*, Dalloz, Paris , 1995, 612 p.

33- **Malaurie, P. et Aynes, L.** , *Droit civil : les biens, la publicité foncière, Tome 4*, CUJAS, Paris , 1994, 408 p.

34- **Malaurie, P. et Aynes, L.** , *Droit civil : les biens*, CUJAS, Paris , 1990, 357 p.

35- **Mamdani, M**: *Citizen and Subject. Contemporary Africa and the Legacy of Late colonisation*, Princeton, Princeton University Press, 1996, 253 p.

36- **Marty, G. et Raynaud, P.**, *Les biens* par **Jourdain, P.**, Dalloz, Paris , 1995, 563 p.

37- **Maurin, A.** , *Le cadastre en France : histoire et rénovation*, Editions du CNRS, Paris , 1990, 413 p.

38- **Nowak, M.,** *La banquière de l'espoir : celle qui prête aux exclus*, Albin Michel, Paris, 1994, 206 p.

39- **Piermay, J._L.** , *Citadins et quête du sol dans les villes d'Afrique Centrale*, l'Harmattan, Paris , 1993, 579 p.

40- **Schneider, H.**, *Microfinance for the poor*, OCDE, Paris, 1997, 34 p.

41- **Singh, Raju Jan**, *Bank credit, small firms and the design of financial system for Estern Europe,* UNCTAD, Geneva, 1994, 23 p.

42- **Sorman, G.** : *la nouvelle richesse des nations*, Paris, Fayard, 1987, 334 p.

43- **Terré, F : et Fenouillet, D**. , *Droit civil : les personnes, la famille, les incapacités, 6ème édition*, Dalloz, Paris , 1996, 1170 p.

44- **Terré, F**. **et Lequette**, Y., *Droit civil : Les successions. Les libéralités, 3ème édition*, Dalloz, Paris , 1997, 906 p.

45- **Terré, F**. **et Simler, P**. , *Droit civil : les biens, 4ème édition*, Dalloz, Paris , 1992, 636 p.

46- **Trigeaud, J-M**. , *La possession des biens immobiliers*, Economica, Paris , 1981, 631 p.

47- **Valette, J**. : *La France et l'Afrique Subsaharienne de 1914 à 1960*, SEDES, Paris, 1994, 316 p.

48- **Verdier, R. et Rochegude, A. ,** *Systèmes fonciers à la ville et au village : Afrique noire francophone*, l'Harmattan, Paris, 1986, 298 p.

49- **Voirin, P**. , *Droit civil, 25ème édition par* **Goubeaux, G**. , LGDJ, Paris , 1995, 700 p.

50- **Wiig, Arne** , *Microcredit programmes : methods for solving dilemmas of credit expansion*, Chr. Michelsen Institute, Bergen (Norway), 1997, 17 p.

51- **Yvrose**, **J.**, *La microfinance peut-elle être un outil au développement social : considérations théoriques et cas de « kredifann » en Haïti,* IUED, Genève, 2001, 72 p ;

B- REVUES

1- Austin, R. A. : Politique Africaine, N° 73, Paris, Karthala, 1999, p. 193 ;

2- Copestake, J et al., *Assessing the impact of microcredit: a Zambian case study*. –In: Journal of development studies n°4, Vol. 37: 2001. –100 p.;

3- Dunn, E. et Arbuckle. J.G., *Microcredit and microentreprise performance : impact evidence from Peru*. –In: Small enterprise development, n°4, Vol. 12, 2001. –33 p.;

4- **Falque-Vert, L.**, *Des banquiers aux pieds nus : crédit rural au Burkina.* –In : Chroniques : réseaux, technologie, culture et développement, n°54, février 1992. –8 p. ;

5- **Frayer, B.J.**, *Le microcrédit : une petite somme de grande importance.* –In : DIAL, n° 2234, juillet 1998. –PP 1-4. ;

6- **Najava, S.** , *Microcredit and the poorest of the poor : theory and evidence from Bolivia.* –In: World development, n°2, Vol. 28, 2000. –pp.: 333-346.

7- **Schaeffer, E.** : *développement et évolution du droit privé en Afrique noire*, In Dossiers de l'Institut des sciences juridiques de développement, Paris : Université René Descartes, SD. 28 p.

C-SITES

www.u-paris10.fr/gdr1178/lajp.htm
www.reseauvoltaire.net
www.pipelinewatch.org
www.cefod.org
www.afrik.com/journal/dossier-9003-10.htm
www.peacelink.it/anb-bia/nr337/f20.html

Remerciements

Je tiens à remercier particulièrement mon ami Djimrabaye Bourngar pour la relecture très enrichissante du manuscrit ainsi que Angèle Béguy Ramadji qui me l'avait recommandé.

Une pensée à Ali Abdel Rahamane Haggar, à mes étudiants et élèves.

Merci à mes professeurs :

- Mahamat Choukou (Enam)
- Mangaral Banté (Enam)
- Riccardo Bocco (IUED Genève)
- Joseph Djimrangar Dadnadji (Université N'Djamena et Enam)
- Kalzeubé Pahimi Deubet (Lycée technique commercial)
- Mohammad-Reza Djalili (IUED Genève)
- David Houdeingar (Université N'Djamena)
- Hélène Lambatim (Université N'Djamena)
- Moussa Faki Mahamat (Université N'Djamena)
- Yokabdjim Mandigui (Université N'Djamena)
- Enoch Nodjigoto (Université N'Djamena)
- Michel Filiga Sawadogo (Université de Ouagadougou)
- Nagoum Yamassoum (Université N'Djamena)
- Baniara Yoyana (Université N'Djamena)
- Jean Ziegler (IUED Genève)

À la mémoire de ceux qui nous ont quittés

- Haroum Abakar (Enam)
- Barthélemy Yangongo Boganda (Université de Bangui)
- Joseph Ngare Kessely (Enam)
- Laurent Monnier (IUED Genève)
- Paul Yanété (Université de Bangui)

Mention spéciale à la 9ème promotion de l'Enam !

Le Tchad
aux éditions L'Harmattan

Dernières parutions

TCHAD LES PARTIS POLITIQUES ET LES MOUVEMENTS D'OPPOSITION ARMÉS DE 1990 À 2012
Haggar Hissein Idriss
Le multipartisme intégral, tel qu'il existe au Tchad, ne rime pas forcément avec démocratie et a donné naissance à plus de 150 partis n'ayant aucune influence sur la vie politique. Afin d'éviter que le pays ne sombre dans un chaos généralisé et incontrôlable, l'auteur propose une démocratie éducative et constructive en limitant le nombre des partis politiques. Une fois la démocratie bien enracinée auprès des populations par la formation, l'éducation et le civisme et rendue possible l'alternance politique par les urnes, la limitation se fera d'elle-même.
(Coll. Pour mieux connaître le Tchad, 31.00 euros, 302 p.)
ISBN : 978-2-343-04796-6, ISBN EBOOK : 978-2-336-36481-0

BATAILLE (LA) DE N'DJAMENA – 2 FÉVRIER 2008
Récit
Koulamallah Abderaman
Abderaman Koulamallah raconte ici la folle chevauchée motorisée de plus de 1000 kilomètres, qui a permis la prise de N'Djamena, le 2 février 2008, à laquelle il a participé au cœur d'une coalition rebelle déterminée à renverser Idriss Déby, ainsi que les événements qui ont suivi, et le repli de l'expédition. La victoire de N'Djamena, fait d'armes exceptionnel, a surpris tout le monde, mais l'expédition a fini en repli. Que s'est-il passé ? Comment expliquer ce gâchis ?
(18.00 euros, 282 p.)
ISBN : 978-2-343-05077-5, ISBN EBOOK : 978-2-336-36771-2

CONFLITS (LES) SOCIAUX AUX RIVAGES DU LAC TCHAD DUS À LA RÉGRESSION DU NIVEAU DES EAUX
Le cas des populations du canton de Bol (nouvelle édition)
Ndadoum Nadmian
Le lac Tchad, quatrième en Afrique et septième dans le monde, a connu une régression rapide dans les quarante dernières années. La raréfaction des ressources en terres cultivables et en eau ainsi que le manque de coopération entre les acteurs impliqués dans la gestion des ressources en eau du lac expliquent la recrudescence des conflits entre cultivateurs, éleveurs et pêcheurs. Qui sont ces acteurs ? Quels rôles jouent-ils ? Comment communiquent-ils les uns avec les autres ?
(Coédition Al Mouna, 12.00 euros, 106 p.)
ISBN : 978-2-336-30973-6, ISBN EBOOK : 978-2-336-36510-7

DICTIONNAIRE PRATIQUE DU FRANÇAIS DU TCHAD

Djarangar Djita Issa

Ce dictionnaire est conçu pour permettre à l'utilisateur de s'exprimer en français tout en continuant à regarder le monde et à penser dans les langues tchadiennes : avec lui, le français devient langue tchadienne. Pour le touriste de passage comme pour l'étranger qui vit au Tchad, posséder cet ouvrage c'est déjà mettre un grand pays en poche pour un tourisme linguistique et culturel. Pour l'enseignant et l'apprenant, il est un outil pédagogique qui leur donne les moyens de se comprendre.

(Coll. Études africaines, 39.50 euros, 416 p.)

ISBN : 978-2-343-04070-7, ISBN EBOOK : 978-2-336-35476-7

RELATIONS (LES) ENTRE FRONTALIERS

Cameroun-Tchad

Domo Joseph

Les frontières nées de la colonisation séparent des groupes sociaux qui ont toujours partagé un environnement commun. Désormais, les peuples se reconnaissent comme appartenant à des réalités différentes. La tendance est à la poursuite d'une coopération soutenue et au renforcement des liens à travers la densification et la modernisation des moyens de communication. La mobilité des populations, rendue plus fluide, autorise une meilleure approche des rapports interindividuels dans le cadre formel de la CEMAC.

(Coll. Études africaines, 21.00 euros, 210 p.)

ISBN : 978-2-296-99781-3, ISBN EBOOK : 978-2-296-53172-7

AFFAIRE (L') HISSÈNE HABRÉ

Aspects judiciaires nationaux et internationaux

Sall Alioune

Préface de Abdoul Gourmo Lô

Cet ouvrage est celui d'un décryptage ordonné, méthodique d'une instance judiciaire en déploiement hégélien... L'auteur nous invite à un presque récit philosophique d'un droit en perpétuelle réinvention, du fait des nécessités de notre temps dont l'Affaire Habré est une belle illustration.

(12.00 euros, 96 p.)

ISBN : 978-2-296-99549-9, ISBN EBOOK : 978-2-296-52994-6

DES GROTTES DU DARFOUR À L'EXIL

Chronique d'une lutte inachevée

Haggar Hissein Idriss

Préface d'Acheikh Ibn-Oumar

De juin 1992 à 1995, une guérilla oppose l'armée tchadienne, épaulée par les Soudanais, aux combattants du Conseil national de redressement du Tchad, dirigé par le colonel Abbas Koty Yacoub. Ce petit groupe armé, retranché dans les grottes du Darfour, mena une résistance acharnée et courageuse contre le régime dictatorial et clanique du président Idriss Déby, avec des moyens dérisoires. Ce sont les mouvements de ces combattants, leur vie quotidienne jalonnée d'attentes, d'emprisonnements et de combats, que décrit cette chronique.

(Coll. Pour mieux connaître le Tchad, 31.00 euros, 302 p.)

ISBN : 978-2-336-29162-8, ISBN EBOOK : 978-2-296-51599-4

NOMS (LES) DE PERSONNES CHEZ LES NGAMBAYES DU TCHAD
Maikoubou Dingamtoudji
Cet ouvrage dresse un répertoire des noms propres de personnes chez les Ngambayes du Tchad. Chaque nom peut être considéré comme un message qui nous renseigne, soit sur les circonstances qui ont présidé à la naissance de l'enfant, soit sur des expériences vécues par les parents ou le clan au moment de la naissance. Les noms ngambayes parlent. Voici mis en valeur ces joyaux du génie de la langue ngambaye.
(Coll. Etudes africaines, 13.50 euros, 126 p.)
ISBN : 978-2-336-00506-5, ISBN EBOOK : 978-2-296-51186-6

CINQUANTE ANS DE LA VIE DE L'EGLISE CATHOLIQUE AU TCHAD
Épreuves et espérance
Vandame Charles
Missionnaire au Tchad depuis plus de 50 ans, l'auteur livre ses réflexions. Les missionnaires catholiques ont-ils vraiment respecté les cultures et religions africaines traditionnelles ? Comment l'Église catholique gère-t-elle ses relations avec les Églises protestantes et avec le culte musulman ? Comment se passe la rencontre entre la culture africaine, marquée par un fort esprit communautaire, et la culture moderne, marquée par un extrême individualisme ?
(Coédition Al Mouna, 14.00 euros, 136 p.)
ISBN : 978-2-336-00109-8, ISBN EBOOK : 978-2-296-50902-3

DÉVELOPPEMENT (LE) DE L'ÉDUCATION EN AFRIQUE SUBSAHARIENNE
Exemple du Tchad
Hagam Salé
Après avoir démontré que les acquisitions des élèves restent inférieures aux ressources mobilisées, cette étude, à travers l'exemple du Tchad, propose des pistes en vue de l'amélioration organisationnelle des systèmes éducatifs des pays d'Afrique subsaharienne.
(Coll. Éducations et sociétés, 30.00 euros, 304 p.)
ISBN : 978-2-336-00310-8, ISBN EBOOK : 978-2-296-50953-5

ÉLOGE DE L'AMITIÉ FRATERNELLE
Abdel-Rhamane Haggar Ali
L'auteur, militant des droits de l'homme et de la non-violence, s'interroge dans cet ouvrage sur ce qu'est être tchadien aujourd'hui.
(Coédition Al Mouna, 16.50 euros, 162 p.)
ISBN : 978-2-336-00067-1, ISBN EBOOK : 978-2-296-50854-5

TCHAD (LE) SUR LA VOIE DE LA RENAISSANCE
Ngardiguina Abdoulaye - Préface de Hassan Sylla Bakari
Le 1er décembre 2010, date de la commémoration de la 20e édition de la Journée de la Démocratie et de la Liberté, le président de la République du Tchad annonce l'an 1 de la Renaissance. Une nouvelle page de l'histoire du pays venait de s'ouvrir. *Le Tchad sur la voie de la Renaissance* est une analyse du discours fondateur de cette ère nouvelle.
(Coll. Harmattan Cameroun, 12.50 euros, 112 p.)
ISBN : 978-2-296-99103-3, ISBN EBOOK : 978-2-296-50198-0

AUTOUR DU LAC TCHAD
Enjeux et conflits pour le contrôle de l'eau
Bertoncin Marina, Pase Andrea
Depuis les années 1960, des projets de développement fondés sur des techniques modernes d'irrigation se sont installés tout autour du lac Tchad, dans la certitude de vaincre ainsi les sécheresses récurrentes. Dans ce contexte, le projet d'irrigation n'a pas seulement pour but la modernisation de la production : il intervient en profondeur sur les relations entre population et territoire, en modifiant les dynamiques sociales et celles du pouvoir.
(Coll. Etudes africaines, 36.50 euros, 360 p.)
ISBN : 978-2-296-99057-9

UNE SAISON AU TCHAD
Juillet 1979-février 1985
Soubeste Claude
Dans un récit rehaussé d'anecdotes truculentes, cocasses ou dramatiques, l'auteur évoque les péripéties de sa mission consulaire à N'Djamena, de son séjour en Guinée équatoriale, voyage au bout de l'ennui, et de son ambassade au Tchad pendant les années de guerre civile.
(Coll. Mémoires du XXe siècle, 14.00 euros, 132 p.)
ISBN : 978-2-296-96835-6

L'HARMATTAN ITALIA
Via Degli Artisti 15; 10124 Torino

L'HARMATTAN HONGRIE
Könyvesbolt ; Kossuth L. u. 14-16
1053 Budapest

L'HARMATTAN KINSHASA
185, avenue Nyangwe
Commune de Lingwala
Kinshasa, R.D. Congo
(00243) 998697603 ou (00243) 999229662

L'HARMATTAN CONGO
67, av. E. P. Lumumba
Bât. – Congo Pharmacie (Bib. Nat.)
BP2874 Brazzaville
harmattan.congo@yahoo.fr

L'HARMATTAN GUINÉE
Almamya Rue KA 028, en face
du restaurant Le Cèdre
OKB agency BP 3470 Conakry
(00224) 657 20 85 08 / 664 28 91 96
harmattanguinee@yahoo.fr

L'HARMATTAN MALI
Rue 73, Porte 536, Niamakoro,
Cité Unicef, Bamako
Tél. 00 (223) 20205724 / +(223) 76378082
poudiougopaul@yahoo.fr
pp.harmattan@gmail.com

L'HARMATTAN CAMEROUN
BP 11486
Face à la SNI, immeuble Don Bosco
Yaoundé
(00237) 99 76 61 66
harmattancam@yahoo.fr

L'HARMATTAN CÔTE D'IVOIRE
Résidence Karl / cité des arts
Abidjan-Cocody 03 BP 1588 Abidjan 03
(00225) 05 77 87 31
etien_nda@yahoo.fr

L'HARMATTAN BURKINA
Penou Achille Some
Ouagadougou
(+226) 70 26 88 27

L'HARMATTAN SÉNÉGAL
10 VDN en face Mermoz, après le pont de Fann
BP 45034 Dakar Fann
33 825 98 58 / 33 860 9858
senharmattan@gmail.com / senlibraire@gmail.com
www.harmattansenegal.com

L'HARMATTAN BÉNIN
ISOR-BENIN
01 BP 359 COTONOU-RP
Quartier Gbèdjromèdé,
Rue Agbélenco, Lot 1247 I
Tél : 00 229 21 32 53 79
christian_dablaka123@yahoo.fr

Achevé d'imprimer par Corlet Numérique - 14110 Condé-sur-Noireau
N° d'Imprimeur : 122197 - Dépôt légal : octobre 2015 - *Imprimé en France*

www.ingramcontent.com/pod-product-compliance
Lightning Source LLC
LaVergne TN
LVHW021237061026
849535LV00008B/3101